LICENSE
TO GRILL

Gabriele Frankemölle

Meine besten Rezepte für Slow Cooker & Schongarer

Bassermann

Inhaltsverzeichnis

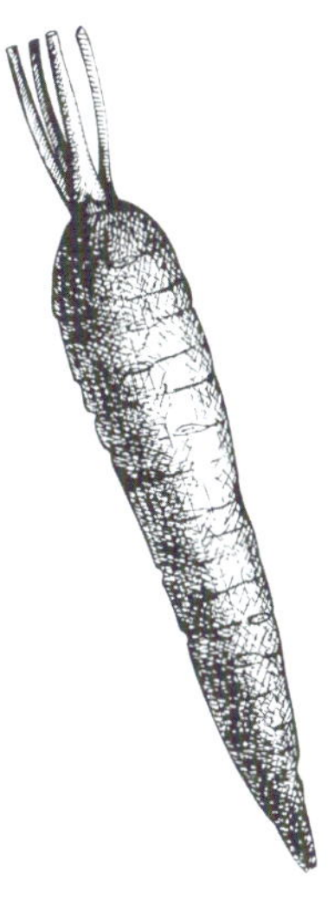

Infoteil

Rezepte

Meine besten
Slow Cooker-Rezepte

Willkommen in einer neuen Kochwelt – der langsamen! In der es kocht, ohne dass Sie am Herd stehen. In der Sie nicht rühren oder angießen müssen und trotzdem butterzartes Fleisch bekommen. Und in der Sie mittags oder abends eine warme Mahlzeit für die Familie haben, obwohl Sie zwischendurch auf der Arbeit, einkaufen oder beim Sport waren.

Möglich macht es der Slow Cooker oder Schongarer, ein simples Elektro-Kleingerät, günstig in der Anschaffung und im Verbrauch. Er gart quasi in Zeitlupe und ohne weiteres Zutun, so lange die Füll- und Flüssigkeitsmenge stimmen. Die stundenlange Gardauer unter dem Siedepunkt schont Vitamine und sorgt für wunderbar aromatische Schmorgerichte, Suppen und Eintöpfe.

Einziger Nachteil des Slow Cookers: Er erfordert (Zeit-)Planung und ein bisschen neues Kochwissen. Das finden Sie in kompakter Form in der Einleitung und gleich anschließend in meinen besten Slow-Cooker-Rezepten, damit Sie sofort starten können.

Guten Appetit!

Gabi Frankemölle

5 verblüffende Slow Cooker-Fakten

1 Fleisch wird beim Langsamkochen schneller zart als Gemüse. Sie schneiden also bei der Slow-Cooker-Gulaschsuppe kleine Kartoffel- und größere Fleischwürfel – beim herkömmlichen Kochen ist es umgekehrt.

2 Das stundenlange Kochen schlägt sich nicht auf Ihrer Stromrechnung nieder. Die meisten Slow Cooker verbrauchen kaum mehr Strom als eine helle Glühbirne (100 Watt).

3 Eine halbe oder sogar ganze Stunde Garzeit mehr spielt kaum eine Rolle. Es verkocht nichts, es brennt nichts an, sofern genug Flüssigkeit im Topf ist.

4 Slow Cooker sind Rudeltiere. Wer einen hat und mit der Kochmethode klar kommt, schafft sich meistens noch weitere Geräte an. Damit man auch ganz kleine Mengen im 1,5-Liter-Topf zubereiten und im 6,5-Liter-Topf Fonds und Suppen auf Vorrat kochen kann.

5 Mehr als 80 Prozent der US-Haushalte besitzen einen Slow Cooker, das Gerät ist dort so verbreitet wie Toaster und Mixer.

Die 10 Kochgebote
für den Slow Cooker

Verwenden Sie den passenden Topf

Das aufsichtsfreie Langsamkochen funktioniert nur, wenn der Slow-Cooker-Einsatz 1/2 bis 2/3 gefüllt ist. Danach sind auch die Mengen und Zeiten in diesem Buch berechnet. Kaufen Sie einen 1,5-Liter-Topf, wenn Sie 1 bis 2 Portionen zubereiten wollen. Aus einem 3,5-Liter-Topf kommen etwa 4 bis 6 Portionen, aus einem 6,5- oder 8-Liter-Topf 8 bis 12 Portionen.

Weniger Flüssigkeit als üblich

Weil nichts sprudelnd kocht und der Deckel dicht schließt, verdunstet beim Schongaren kaum Flüssigkeit. Gießen Sie also nicht zuviel Wasser an, damit zum Beispiel Saucen nicht wässrig werden. Entgegen der Aussagen in manchen Gebrauchsanleitungen muss das Kochgut keinesfalls von Wasser bedeckt sein.

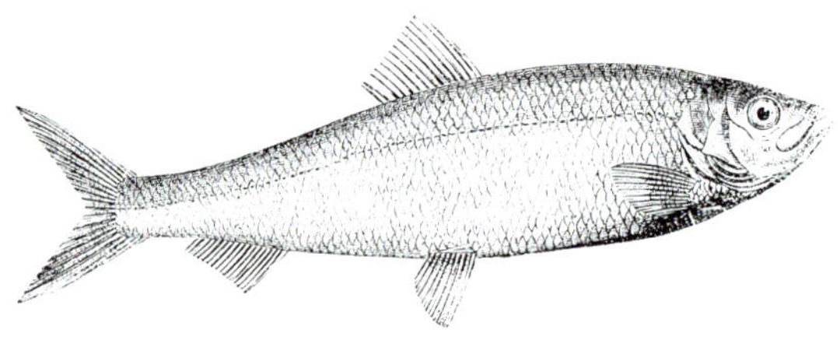

Fleisch oben, Kartoffeln, Wurzelgemüse, Zwiebeln unten

Gemüse hat eine feste innere Struktur und braucht im Slow Cooker länger zum Weichwerden als Fleisch. Unten im Topf liegt das Gargut in Flüssigkeit und da sind die Temperaturen höher.

Entfernen Sie die Haut von Geflügel

Sie gibt sehr viel Fett ab und bleibt »glibberig«, sofern Sie sie nicht am Ende kurz unter dem Grill aufknuspern. Das Aufknuspern funktioniert aber wunderbar – nicht nur bei Hähnchenschenkeln, sondern auch bei Brathuhn im Ganzen, Krustenbraten oder Rippchen.

Anbraten kann, aber muss nicht

Ja, zartes Gulasch und Rouladen bekommt der Slow Cooker auch ohne Anbraten hin. Aus optischen Gründen brate ich trotzdem oft an – es sieht einfach besser aus und die Röstaromen von Zwiebel, Gemüse und Fleisch bringen zusätzlichen Geschmack ins Gericht.

6 Vorsichtiger Würzen als sonst

Die lange Garzeit im Slow Cooker intensiviert die Aromen – auch die Schärfe! Verwenden Sie daher weniger Chili und getrocknete Kräuter als beim Kochen auf dem Herd. Frische Kräuter vertragen Schongaren nicht gut und werden erst ganz am Ende zugegeben.

7 Öffnen Sie den Deckel so wenig wie möglich

Bei jedem Heben des Deckels verliert der Topf Temperatur und damit verlängert sich die Garzeit ein wenig. Natürlich können Sie ein-, zweimal nachsehen, umrühren, Würze oder Garzustand kontrollieren – aber bitte nicht jede Viertelstunde.

8 Erarbeiten Sie Ihre eigenen Kochzeiten

Unter den Slow-Cooker-Geräten gibt es echte Heißblüter und absolute Schnarchnasen. Das heißt, die Kochzeiten können um mehrere Stunden variieren. Daher sollten Sie am Anfang Ihrer Slow-Cooker-„Kochkarriere« zunächst ein Rezept aus diesem Buch 1:1 nachkochen und den Garzustand häufiger kontrollieren. Ganz schnell wissen Sie dann, wo Ihr Gerät im Zeitspektrum liegt und ob Sie die in diesem Buch angegebenen Kochzeiten verlängern oder abkürzen müssen.

9 Rechnen Sie Kochstufen um

Fast alle Gerichte können Sie statt auf HIGH auch auf LOW garen und umgekehrt – ganz wie es zu Ihrem Tagesablauf und Ihrer Zeitplanung passt. Dabei gilt:

1 Stunde HIGH entspricht ca. 2-2,5 Stunden LOW

Falls sich bestimmte Heizstufen für empfindliche Gerichte nicht eignen, habe ich es in den Rezepten dazu geschrieben.

10 Keinesfalls zum Erwärmen von Speisen verwenden!

Das Garen bei niedrigen Temperaturen ist sicher durch die lange Gardauer, bei der am Ende das Gargut »bakteriensichere« Temperaturen erreicht. Im Umkehrschluss heißt das: Wenn Essen nur kurz bis auf »Tellertemperatur« erwärmt wird, ist das eben nicht sicher! Bitte wärmen Sie Essen auf dem Herd oder in der Mikrowelle auf. Allenfalls können Sie den Slow Cooker zum Warmhalten von bereits heißen Speisen verwenden.

Umrechnung der Rezeptmengen für verschiedene Slow Cooker-Größen

Damit das unbeaufsichtigte Langsamkochen funktioniert, muss Ihr Slow Cooker richtig befüllt sein. Passen Sie also die Zutatenmengen in den Rezepten entsprechend der Angaben unten an. **Die Garzeiten bleiben dabei unverändert.**
Ausnahme: Die kleinen 1,5-l-Töpfe werden verhältnismäßig heiß und sind eigentlich immer 30 bis 60 Minuten schneller fertig.

1,5 l Rezepte

» für den 3,5-l-Topf Mengen verdoppeln
» für den 6,5-l-Topf Mengen vervierfachen

3,5 l Rezepte

» für den 1,5-l-Topf Mengen halbieren
» für den 6,5-l-Topf Mengen verdoppeln

6,5 l Rezepte

» für den 1,5-l-Topf Mengen vierteln
» für den 3,5-l-Topf Mengen halbieren

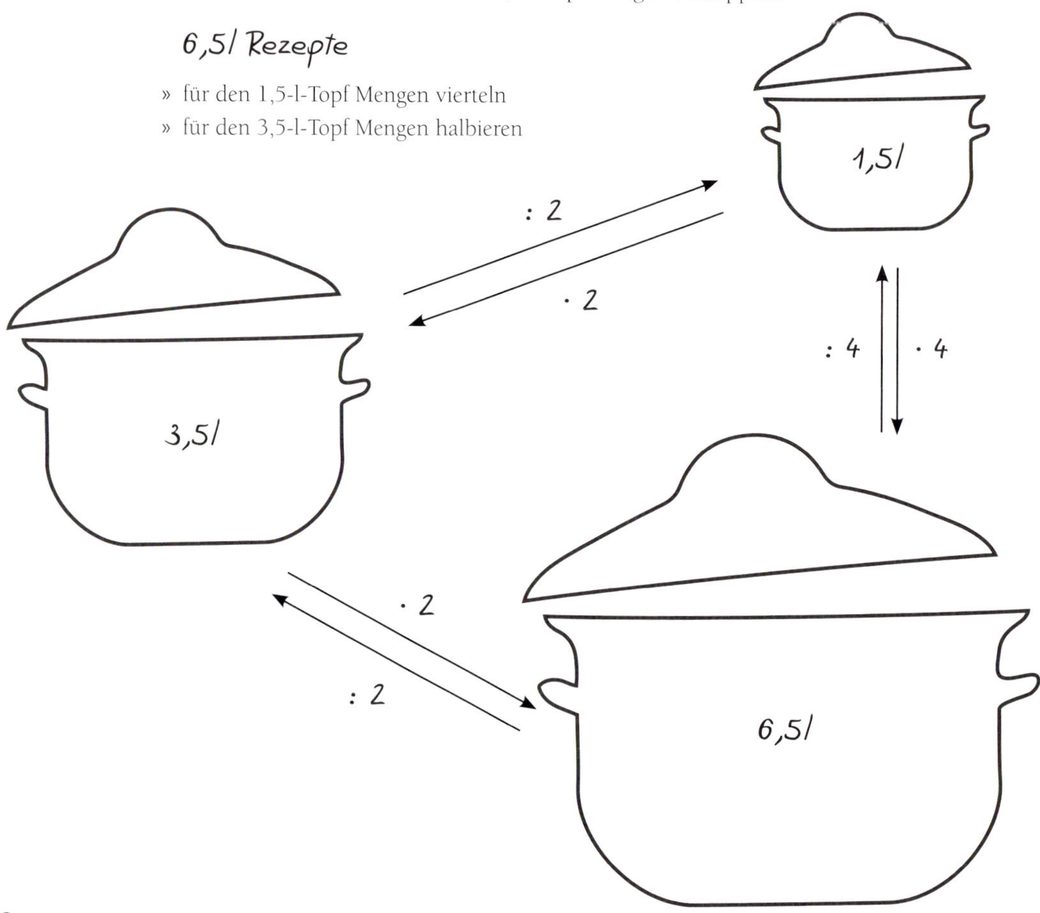

Wo kann man
Slow Cooker kaufen?

Sie bekommen die Geräte im Fachhandel, in Großmärkten (Handelshof, Metro) oder Elektronikmärkten (Saturn, Media Markt), dort stehen aber meist nur ein oder zwei Töpfe. Online bei Shops wie Amazon, Ebay, Springlane, Lakeland u.s.w. haben die Händler meist viele verschiedene Modelle unterschiedlicher Größen im Angebot

Bekannteste Marken (von hochpreisig zu günstig) sind Crock-Pot, CuisinArt, Morphy Richards, Russell Hobbs, Andrew James. Auch die ganz einfachen Modelle tun durchaus ihren Dienst. Preise beginnen bei 20 Euro (1,5-l-Topf von Andrew James) und enden bei 250 Euro für den Multikocher von Kitchen Aid.

Rezepte

Erdnusssuppe Senegal

Servieren Sie diese ungewöhnliche (und ungewöhnlich leckere und sättigende) Suppe mit Garnituren wie gehackten Erdnusskernen, gehacktem Koriander und Frühlingszwiebeln.

VORBEREITUNGSZEIT
15 Minuten

Für die Suppe

- 1 EL Öl
- 2 Zwiebeln, fein gehackt
- 2 Zehen Knoblauch, zerdrückt
- 1-2 EL Currypulver, mild oder scharf, nach Geschmack
- Salz, Pfeffer
- 500 g Süßkartoffeln, geschält, in 1 cm großen Würfeln
- 500 g Butternuss-Kürbis, geschält, in 1 cm großen Würfeln
- 1 l Hühner- oder Gemüsebrühe
- 500 ml passierte Tomaten
- 400 g Hühner- oder Putenbrustfilet, in Würfeln
- 150 g Erdnussbutter
- 300 ml Kokosmilch

6-7 STD 30 MIN

oder

4 STD

1. Das Öl in einem großen Topf erhitzen und darin Zwiebeln und Knoblauch unter Rühren etwa 5 bis 10 Minuten andünsten, dabei mit Curry, Salz und Pfeffer würzen. Die Mischung in den Keramikeinsatz des Slow Cookers geben und die restlichen Zutaten (bis auf die Kokosmilch) dazugeben, gut durchrühren und abschmecken.

2. Den Deckel aufsetzen und auf LOW etwa 6 bis 7 Stunden garen (auf HIGH sind es 3,5 Stunden). Dann die Kokosmilch einrühren und weitere 30 Minuten auf HIGH garen.

Tipp

Für eine vegetarische Version lassen Sie einfach das Fleisch weg und verwenden Gemüsebrühe.

Feine Fischsuppe

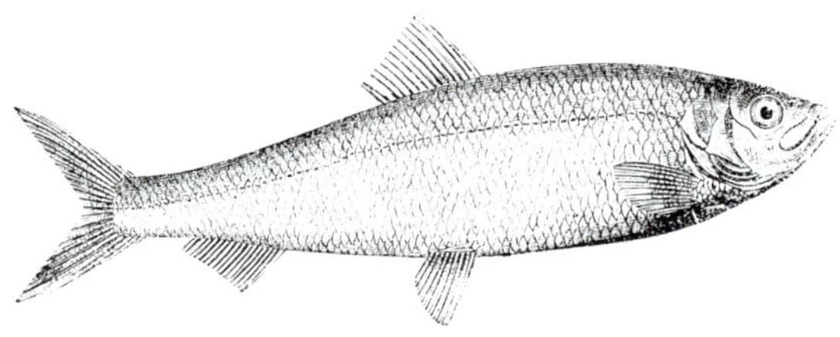

Für diese Suppe können Sie jedes beliebige feste Fischfilet verwenden – Seelachs, Kabeljau, Lachs. Wer mag, gibt noch gegarte Muscheln oder Krebsfleisch hinein.

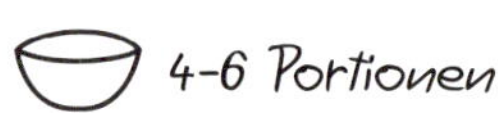

VORBEREITUNGSZEIT
15 Minuten

Für die Suppe

- 1 EL Öl
- 6 Scheiben Frühstücksspeck, gewürfelt
- 1 Zwiebel, sehr fein gehackt
- 1 Knoblauchzehe, zerdrückt
- 1 Möhre, in sehr feinen Scheiben
- 150 g Sellerie, in feinen Würfeln
- 2 Kartoffeln, in feinen Scheibchen
- 1 kleine Dose Mais, 150 g
- 800 ml kräftiger Gemüsefond
- Salz, Pfeffer
- 1 Prise Muskatnuss
- 100 ml Sahne
- 400 g Fischfilet (siehe oben), in 1 cm großen Würfeln
- 250 g rohe Shrimps, geschält
- 1/2 Bund Petersilie, gehackt

8-9 STD 30 MIN

1. Das Öl in einem Topf erhitzen und darin Speck, Zwiebel und Knoblauch einige Minuten lang glasig braten. In den Einsatz des Slow Cookers geben, Gemüsewürfel, Kartoffelscheiben und Mais dazugeben und die Gemüsebrühe angießen. Mit Salz und Pfeffer sowie einer Prise Muskat würzen.

2. Den Deckel aufsetzen und auf HIGH 4 bis 4,5 Stunden garen (LOW 8 bis 9 Stunden), bis die Gemüse weich sind. Dann erneut abschmecken, die Sahne angießen und Fisch und Shrimps einlegen. 30 Minuten auf HIGH weitergaren, bis der Fisch gar ist. Vor dem Servieren die Petersilie einrühren.

Fischsuppe Napoli

6 Portionen

TOPFGRÖSSE
3,5 Liter

VORBEREITUNGSZEIT
15 Minuten

Für die Suppe

» 1 EL Olivenöl
» 1 Zwiebel, fein gehackt
» 2 Knoblauchzehen, gestiftelt
» 1 rote Paprika, gehackt
» 800 g Dosentomaten, leicht zerdrückt
» 400 ml Fisch- oder Gemüsefond
» 50 g Tomatenmark
» 100 ml Orangensaft
» 150 ml Weißwein
» 100 g Champignons, in Scheibchen (optional)
» 1 Lorbeerblatt
» Basilikum, Thymian, Oregano, Fenchelsamen
» Pfeffer, Salz
» 1 Zucchini, in feinen Scheiben
» 250 g rohe Shrimps
» 500 g Seelachs, in Würfeln

Zum Servieren

» 50 g schwarze Oliven
» Ciabatta

5 STD Low + 1 STD High oder 3,5 STD High

1. Das Olivenöl in einem Topf heiß werden lassen, Zwiebel, Knoblauchstifte und Paprika darin kurz andünsten, anschließend in den Keramikeinsatz des Slow Cookers geben.

2. Weitere Zutaten von Tomaten bis Lorbeerblatt dazugeben und mit den Kräutern und Gewürzen nicht zu kräftig abschmecken, sie schmecken sonst eventuell zu intensiv durch. Den Deckel aufsetzen und auf HIGH etwa 2,5 Stunden (LOW ca. 5 Stunden) garen, bis das Gemüse weich ist.

3. Dann die Zucchinischeibchen dazugeben und den Topf auf HIGH schalten. Nach weiteren 30 Minuten Shrimps und Fischstücke in die Suppe geben und etwa 20 bis 30 Minuten auf HIGH ziehen lassen, bis der Fisch gar ist.

4. Die Suppe vor dem Servieren mit Oliven garnieren. Dazu passt frisches Ciabatta.

Nudelsuppe mit Klößchen

6 Portionen

TOPFGRÖSSE
3,5 Liter

VORBEREITUNGSZEIT
20 Minuten

Für die Suppe

- 500 g Suppenfleisch vom Rind
- 1 Suppenknochen
- 1 Bund Suppengrün, gehackt
- 2-2,5 l heißes Wasser
- 1 Bund Petersilie, zusammengebunden
- 2 Möhren, in Scheiben
- 1 Stange Porree, in Ringen
- Salz

Für die Klößchen

- 50 g Butter, geschmolzen
- 7 Zwiebäcke, zu feinen Bröseln zerdrückt
- 2 Eier
- 1/2 Bund Schnittlauch
- Salz, Pfeffer
- Muskatnuss

Zum Servieren

- 125 g feine Nudeln
- gehackte Petersilie

11-12 STD

1. Suppenfleisch, Knochen und Suppengrün sowie die zusammengebundene Petersilie in den Einsatz des Slow Cookers legen. Mit heißem Wasser angießen, bis der Topf 3/4 voll ist, den Deckel aufsetzen und etwa 6 Stunden auf HIGH (oder 11 bis 12 Stunden auf LOW) garen, bis das Fleisch weich ist.

2. Das Fleisch entnehmen und in feine Würfel schneiden. Die Brühe durch ein Tuch in einen »normalen« Topf abseihen, um sie zu klären.

3. Die Nudeln nach Packungsanweisung separat kochen. Für die Klößchen die zerlassene Butter mit Zwiebackbröseln, Eiern, Schnittlauch und Gewürzen mit einer Gabel zu einer weichen Masse verarbeiten. Mit nassen Händen zu murmelgroßen Bällchen formen.

4. Porree und Möhren zur geklärten Brühe geben und mit Salz abschmecken. Etwa 15 Minuten sanft köcheln, dann die Klößchen zugeben und weitere 5 Minuten sanft köcheln. Die Suppe mit den Fleischwürfeln, den gegarte Nudeln und gehackter Petersilie servieren.

Scharfe Asia-Hühnersuppe

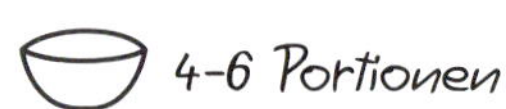

Für die Suppe

- 500 g Hühnerbrustfilet
- 2 Möhren, in feinsten Scheibchen
- 1/2 Stange Porree, in feinen Ringen
- 2 Zehen Knoblauch, zerdrückt
- 1 Stängel Zitronengras, in 2 cm Stücken (alternativ 1 EL Zitronensaft)
- 1 l Hühnerfond
- 2-4 TL rote Currypaste
- 400 ml Kokosmilch
- 1/2 rote Paprika, in feinsten Würfeln
- 50 g Zuckerschoten, in feinsten Streifen
- Salz, Pfeffer
- 1 EL Sojasauce

Zum Servieren

- 100 g Glasnudeln
- 1/2 Bund Koriander

6 STD  Low + 1 STD  High oder 4 STD High

1. Das Hühnchenfleisch in schmale Streifen schneiden und in den Keramikeinsatz des Slow Cookers geben. Möhren, Porree, Knoblauch und Zitronengras obenauf geben.

2. Die Hühnerbrühe mit der Currypaste verrühren (ruhig erst mit weniger anfangen und am Ende nochmals nachwürzen) und über Fleisch und Gemüse gießen. Den Deckel aufsetzen und auf LOW 6 Stunden (oder auf HIGH 3 Stunden) garen.

3. Anschließend Kokosmilch, Paprika und Zuckerschoten einrühren, mit Salz, Pfeffer, Sojasauce und eventuell weiterer Currypaste abschmecken und 1 Stunde weiter auf HIGH garen.

4. Die Glasnudeln 10 Minuten vor Garzeitende in kaltes Wasser einlegen, dann abtropfen und kurz in der Suppe heiß werden lassen. Die Suppe mit gehacktem Koriander servieren.

Tipp

Die schnelle Nudelalternative

Glasnudeln sind das absolute Gegenteil vom Slow Cooker – denn sie sind blitzschnell fertig. Es reicht, sie ca. 2 bis 3 Minuten in heißes Wasser zu legen. Die Grundlage der Glasnudeln ist die Stärke aus Mungo- oder Sojabohnen, daher sind sie auch eine gute Alternative für alle, die kein Gluten vertragen.

Tipp

Achten Sie darauf, unbedingt Schälerbsen einzukaufen. Ungeschälte Erbsen müssen eingeweicht werden und benötigen eine viel längere Garzeit.

Erbsensuppe mit Würstchen

TOPFGRÖSSE
6,5 Liter

1. Schälerbsen, Kartoffeln, Zwiebel, Suppengrün, Lorbeer und Majoran in den Topf geben und gut vermischen. Eine Mulde für das Fleisch eindrücken und dieses hineingeben. Das Wasser zugeben, bis alle Zutaten gut bedeckt sind. Mit Salz und Pfeffer oder etwas gekörnter Brühe würzen, den Deckel aufsetzen und 4 bis 5 Stunden auf HIGH garen (auf LOW sind es 9 bis 10 Stunden).

2. Lorbeerblatt und Fleisch vorsichtig entnehmen (es zerfällt schnell). Je nach gewünschter Konsistenz einen Teil der Suppe in einem separaten Gefäß pürieren.

3. Das Fleisch von Fett und Knochen befreien und in mundgerechte Stück teilen. Die Würstchen in Scheiben schneiden. Pürierte Suppe, Fleisch und Würstchenscheiben in den Topf zurückgeben und alles auf HIGH nochmals 15 Minuten erhitzen. Die Suppe mit gehackter Petersilie bestreuen.

Für die Suppe

- 500 g getrocknete grüne Schälerbsen (siehe Tipp)
- 500 g Kartoffeln, in 1 cm großen Würfeln
- 1 große Zwiebel, gehackt
- 1 Bund Suppengrün, fein gehackt
- 1 Lorbeerblatt
- 1/2 TL Majoran
- 400 g Kassler Nacken
- ca. 2 l Wasser
- Salz, Pfeffer
- gekörnte Brühe
- 2 geräucherte Mettwürstchen
- 4 Wiener Würstchen

Zum Servieren

- 1/2 Bund Petersilie

9-10 STD

4-5 STD

Chili con Carne

Lassen Sie sich durch die lange Liste und die seltsam klingenden Zutaten nicht abschrecken: Kaffee, Kakao und Bier sind nachher nicht mehr herauszuschmecken. Stattdessen verkocht das Ganze zu einem dicken, dunklen, wirklich köstlichen Chili, zu dem stilecht Maisbrot oder Baguette gehören.

Für das Chili

- 30 ml Öl
- 2 Zwiebeln, gehackt
- 2 Knoblauchzehen, zerdrückt
- 500 g Rindergulasch, fein gewürfelt
- 500 g Rinderhack
- 1 Packung à 500 g passierte Tomaten
- 75 g Tomatenmark
- 200 ml dunkles Bier
- 200 ml Kaffee
- 100 ml Rinderbrühe, aus Instant zubereitet
- 35 g brauner Zucker
- 1 EL (oder weniger) Chilipulver
- 1–3 kleine Chilischoten, entkernt und fein gewürfelt (optional)
- 1 TL gemahlener Kreuzkümmel
- 1 TL Backkakao
- 1/2 TL getrockneter Oregano
- 1/2 TL getrockneter Koriander
- Salz und Pfeffer
- 2 Dosen à 400 ml Kidneybohnen, abgegossen

8-9 STD

oder

4-5 STD

1. Das Öl in einem großen Topf erhitzen, darin Zwiebeln, Knoblauch, Fleischwürfel und Hackfleisch zehn Minuten schön anbräunen. In den Einsatz des Slow Cookers geben.

2. Dann die restlichen Zutaten (bis auf die Bohnen) dazugeben und abschmecken – ruhig erst mit sehr wenig Chilipulver und Chilischote anfangen, die lange Garzeit macht den Geschmack intensiver.

3. Den Deckel aufsetzen und das Chili auf LOW 8 bis 9 Stunden (HIGH 4 bis 5 Stunden) garen. Erst in der letzten Stunde die Bohnen im Chili heiß werden lassen.

Bauerntopf mit Hackfleisch

Für den Bauerntopf

- 600 g mehlig kochende Kartoffeln, geschält
- 2 rote Paprikaschoten, mundgerechte Stücke
- 2 Stangen Staudensellerie, in 5 mm dicken Scheibchen
- 2 EL Öl
- 500 g Hackfleisch, gemischt
- 1 Zwiebel, fein gehackt
- 2 Knoblauchzehen, zerdrückt
- Salz, Pfeffer
- 70 g Tomatenmark
- 800 ml Gemüsebrühe
- 1 EL Paprikapulver, edelsüß oder scharf, nach Geschmack
- je 1/4 TL getrockneter Thymian, Majoran, Oregano

4,5-5 STD

oder

2,5-3 STD

1. Die Kartoffeln in nicht zu dicke Schnitze (maximal 5 mm) schneiden und auf den Boden des Slow-Cooker-Einsatzes geben. Paprika und Sellerie obenauf legen.

2. Das Öl in einer Pfanne erhitzen und darin das Hackfleisch bei starker Hitze mit Zwiebel und Knoblauch krümelig braten, salzen und pfeffern. Das Hack auf das Gemüse in den Slow Cooker geben.

3. Tomatenmark mit Gemüsebrühe verquirlen und mit Salz, Pfeffer, Paprikapulver und getrockneten Kräutern abschmecken. Auf das Gemüse gießen.

4. Den Deckel aufsetzen und auf HIGH 2,5 bis 3 Stunden garen (LOW etwa 4,5 bis 5 Stunden).

Mehlig kochende Kartoffeln

Kartoffeln im Slowcooker sind kein ganz einfaches Thema! Festkochende Sorten brauchen beim Schongaren erheblich länger, bis sie weich sind – daher empfehle ich die Verwendung mehlig kochender Sorten.

Linsensuppe Persien

Für die Suppe

- 2 große Zwiebeln, gehackt
- 1 Knoblauchzehe, gestiftelt
- 2 große Möhren, sehr fein gehackt
- 2 EL Olivenöl
- 75 g getrocknet Aprikosen, fein gewürfelt
- 250 g rote Linsen
- 1 Dose à 425 ml Tomaten in Stücken
- 1,2 l Gemüsebrühe (bevorzugt selbst gekocht)
- 1–2 TL rote Thai-Currypaste (oder 1 frische Chilischote)
- 1–2 TL gemahlener Kreuzkümmel
- Salz, Pfeffer

Zum Abschmecken und Servieren

- Zitronensaft
- türkischer Joghurt
- glatte Petersilie, gehackt

8-9 STD

oder

4-5 STD

1. Zwiebeln, Knoblauch und Möhren in dem Öl in einem separaten Topf 5 Minuten anschwitzen, dann in den Einsatz des Slow Cookers geben. Aprikosen, Dosentomaten und Linsen hinzufügen.

2. Die Brühe mit Currypaste und Kreuzkümmel (nicht zu viel, die Würze wird noch intensiver) sowie Salz und Pfeffer abschmecken und zugießen.

3. Den Deckel aufsetzen und auf HIGH etwa 3 Stunden kochen, bis die Linsen »al dente« sind – oder 4 Stunden, bis sie zerfallen (8 Stunden auf LOW). Wer mag, kann die Suppe dann auch pürieren.

4. Die Suppe mit Zitronensaft abschmecken, mit einem Klecks Joghurt und glatter Petersilie servieren.

Variante

Wenn Sie es gehaltvoller und indisch mögen: Ersetzen Sie von Anfang an 400 ml der Gemüsebrühe durch Kokosmilch.

Kürbissuppe mit Apfel

Für die Suppe

- 2 EL Butter
- 1 große Zwiebel, fein gehackt
- 2 Stangen Staudensellerie, fein gehackt
- 1 EL Currypulver (bevorzugt scharf)
- 1 Messerspitze Ingwerpulver
- 1 kg Butternuss- oder Hokkaidokürbis, in 1 cm großen Würfeln (geschält und entkernt gewogen)
- 250 g Äpfel, in Stücken (geschält und entkernt gewogen)
- 50 g Reis
- 1,2 l Gemüsebrühe (bevorzugt selbst gekocht)
- Salz, frisch gemahlener Pfeffer

Zum Servieren

- Milch oder Kokosmilch
- Balsamico-Essig
- Gebäckstangen oder Grissini

1. In einem Topf die Butter zerlassen und Zwiebel und Staudensellerie darin glasig dünsten. Curry und Ingwer am Ende einige Minuten mit anschwitzen und alles in den Einsatz des Slow Cookers geben.

2. Kürbiswürfel, Äpfel und Reis dazugeben, alles mit der Brühe aufgießen, umrühren und mit Salz und Pfeffer abschmecken.

3. Den Deckel aufsetzen und auf HIGH etwa 4 Stunden gar kochen (LOW 8 Stunden). Die Suppe entweder mit einem Mixstab glatt pürieren oder mit Stücken servieren. Nach Wunsch mit weiterer Brühe verdünnen.

4. Je nach Wunsch mit Milchschaum und einigen Tropfen Balsamico-Essig garnieren. Gebäckstangen bzw. Grissini dazu reichen.

8 STD

oder

4 STD

Statt Staudensellerie können Sie auch 1 Stange Lauch verwenden.

Westfälischer Möhreneintopf

In Westfalen isst man zu Möhreneintopf entweder Bratwurst oder Frikadellen – woanders gibt man Röstzwiebeln dazu oder knusprige Speckwürfel.

Für die Suppe

- 750 g Möhren, in 5 mm dünnen Scheibchen
- 750 g mehlig kochende Kartoffeln, in 1 cm großen Würfeln
- Salz, Pfeffer
- 400 ml Gemüsebrühe

Zum Servieren

- 50 g Butter

8 STD Low oder 4,5 STD

1. Möhren und Kartoffeln in den Slow-Cooker-Einsatz geben, salzen, pfeffern und durchrühren. Die Gemüsebrühe angießen.

2. Den Deckel aufsetzen und auf HIGH etwa 4,5 Stunden (LOW etwa 8 Stunden) garen, bis Karotten und Kartoffeln weich sind.

3. Eine Tasse Brühe entnehmen (oder weniger, wenn Sie das Gemüse weicher mögen) und das Gemüse mit einem Kartoffelstampfer bis zur gewünschten Textur zerdrücken. Die Butter zugeben und schmelzen lassen.

Tipp

Einfrieren

Falls Sie auch einen großen Slowcooker besitzen: Bereiten Sie gleich die doppelte Menge im 6,5-l-Topf zu. Möhrengemüse lässt sich wunderbar einfrieren!

Saftgulasch Wiener Art

Das Besondere am Wiener Saftgulasch: Es wird nicht angedickt. Stattdessen sorgt die große Menge an Zwiebeln für die Bindung. Wobei etwas Schmand oder Mehlbutter am Ende sicherlich nicht schadet. Für dieses Gericht ist die Stufe LOW besser geeignet.

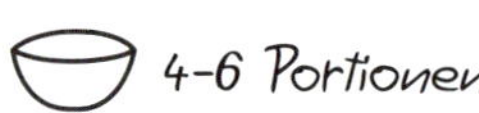

Für das Gulasch

» 30 g Schmalz oder Butterschmalz
» 900 g Zwiebeln, in Würfeln
» 1 kg Rindergulasch von der Wade, gerne durchwachsen
» 2 EL Rotweinessig
» 400 ml Rinderfond
» 2 Knoblauchzehen, zerdrückt
» 1/2 TL Kümmel
» 1 Lorbeerblatt
» 40 g Tomatenmark
» 2 EL Paprikapulver edelsüß
» 1/2 TL Salz
» frisch gemahlener Pfeffer

1. Das Schmalz in einem ausreichend großen Topf erhitzen und die Zwiebelwürfel darin bei mittlerer Hitze etwa 15 bis 20 Minuten goldbraun braten. Dabei gut beobachten und häufig umrühren, damit sie nicht anbrennen.

2. Die Zwiebeln in den Einsatz des Slow Cookers geben. Das Rindfleisch in mundgerechte Stücke schneiden und obenauf legen.

3. Den Bodensatz im Zwiebeltopf mit Essig und Brühe kurz loskochen. Knoblauch, Kümmel, Lorbeerblatt, Tomatenmark und Paprika dazugeben und verrühren, salzen und pfeffern. Alles über Fleisch und Zwiebeln in den Slow Cooker geben (falls Ihnen diese Flüssigkeitsmenge zu gering vorkommt: Nein, sie reicht – beim Garen gibt das rohe Fleisch noch viel Flüssigkeit ab).

4. Den Deckel aufsetzen und auf LOW 8 bis 9 Stunden garen, bis das Fleisch ganz weich ist.

Lammtopf Marokko

Wenn Sie die Menge des Gemüses verdoppeln und das Fleisch weglassen, erhalten Sie einen wunderbares Gemüsegericht, siehe Foto.

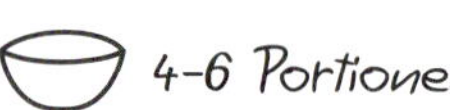

Für den Lammtopf

- 1 Möhre, in dünnen Scheiben
- 2 Kartoffeln, in 1 cm großen Würfeln
- 1 Zwiebel, in feinen Würfeln
- 1 grüne Paprikaschote, in Streifen
- 1 große Aubergine, in 1 cm großen Würfeln
- 1 kg Lammfleisch ohne Knochen, in 2 cm großen Würfeln
- Salz, Pfeffer
- 1 Packung à 500 ml passierte Tomaten
- 2 EL Tomatenmark
- 2 Knoblauchzehen, zerdrückt
- 200 ml Wasser
- 1-2 EL Ras el Hanout (siehe Tipp) (nordafrikanische Gewürzmischung)

Dazu

- Couscous, nach Packungsanleitung garen

5 STD

oder

10 STD

1. Die Gemüse in der nebenstehenden Reihenfolge in den Einsatz des Slow Cookers schichten, das Fleisch obenauf legen und leicht salzen und pfeffern.

2. Die Tomaten mit Tomatenmark, Knoblauch und Wasser verquirlen, mit Ras El Hanout abschmecken und über Fleisch und Gemüse gießen. Den Deckel aufsetzen und etwa 5 Stunden auf HIGH garen (auf LOW sind es 10 Stunden).

Tipp

Ras el Hanout finden Sie sicherlich im türkischen Gemüseladen. Falls nicht, ersetzen Sie es durch Kreuzkümmel, Pfeffer, Zimt, Muskat, Ingwer und Kardamom (in absteigender Dosierung).

Mexikanisches Huhn mit Bohnen und Süßkartoffeln

Sie können für dieses Gericht Bohnen aus der Dose verwenden oder Sie garen die Bohnen zuvor im Slow-Cooker – siehe Tipp.

 6 Portionen

 TOPFGRÖSSE 3,5 Liter

 VORBEREITUNGSZEIT 18 Minuten

Für das Gericht

- 2 Dosen à 400 ml schwarze Bohnen oder Kidneybohnen
- 700 g Süßkartoffel, geschält, in 1 cm großen Würfeln
- 6 Hühnerbrustfilets
- 1 TL Kreuzkümmel
- Chilipulver nach Geschmack
- Salz, Pfeffer
- 2 TL Öl
- 1 Zwiebel, feinst gehackt
- 2 Knoblauchzehen, zerdrückt
- 1 TL geräuchertes spanisches Paprikapulver (oder normales)
- 100 ml Salsa, mild oder scharf, je nach Geschmack
- 200 ml Gemüse- oder Hühnerbrühe

zum Servieren

- frischer Koriander oder Petersilie

4 STD

oder

8 STD

1. Die abgetropften Bohnen und Süßkartoffelwürfel in den Keramikeinsatz des Slow Cookers geben. Die Hühnerbrustfilets mit 1/2 TL Kreuzkümmel, Chili (nicht zuviel!), Salz und Pfeffer bestreuen und auf das Gemüse in den Slow Cooker geben.

2. Das Öl in die Pfanne geben und darin Zwiebel, Knoblauchzehen, 1/2 TL Kreuzkümmel und Paprikapulver kurz dünsten. Salsa und Brühe hinzugeben, alles durchrühren und über Fleisch und Gemüse in den Slow Cooker geben.

3. Den Deckel schließen und 4 Stunden auf HIGH (oder 8 Stunden auf LOW) garen. Mit Petersilie oder Koriander bestreut servieren.

Tipp

Die Bohnen über Nacht in Wasser einweichen, dann in einem normalen Topf sprudelnd aufkochen lassen. Die Bohnen in den Slow Cooker umfüllen und 3 bis 4 Stunden auf HIGH garen.

Herzhafter Kartoffelauflauf

6 Portionen

TOPFGRÖSSE
3,5 Liter

VORBEREITUNGSZEIT
10 Minuten

1. Die Eier mit Milch, Senf, Salz, Pfeffer und Knoblauchsalz in einer Schüssel verquirlen und beiseite stellen.

2. Das ausgebratene Speckfett (ca. 1 EL) auf dem Boden des Slow-Cooker-Einsatzes verteilen. Die Hälfte der gefrorenen Kartoffelflocken obenauf geben, leicht salzen und pfeffern. Die Hälfte der Speckwürfel und der Frühlingszwiebeln über den Kartoffeln verteilen, anschließend die restlichen Kartoffelflocken aufstreuen. Darauf den restlichen Speck und die verbliebenen Frühlingszwiebelringe geben. Mit dem geriebenen Käse abschließen und die Eiermilch darüber gießen.

3. Den Deckel aufsetzen und auf LOW 5 bis 6 Stunden garen, bis sich die Eier gesetzt haben und der Auflauf leicht braun am Rand ist.

Für den Auflauf

» 6-7 Eier
» 100 ml Milch
» 1/2 TL Senf
» Salz
» Knoblauchsalz
» 100 g Frühstücksspeck, gewürfelt und knusprig gebraten
» 600 g TK-Röstiflocken (z. B. von Aviko), alternativ fein zerkrümelte TK-Röstitaler
» Salz, Pfeffer
» 3 Frühlingszwiebeln, in Ringen
» 100 g geriebener Käse

5-6TD

NICHT EMPFOHLEN

Servieren Sie zu diesem Auflauf einen frischen grünen Salat.

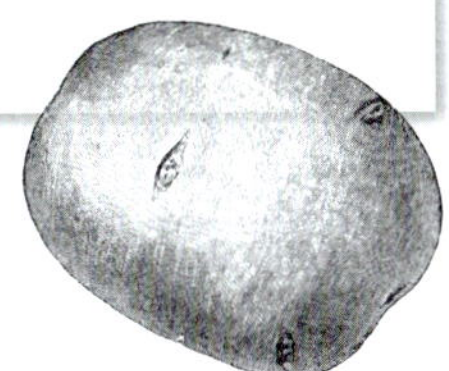

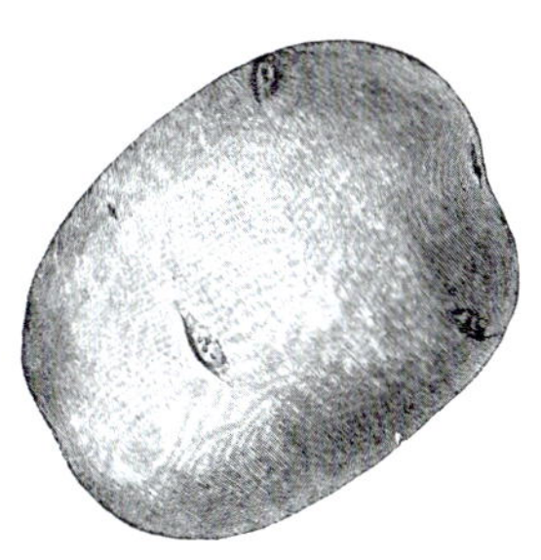

Schweinelendchen in Tomaten-Sahne-Sauce

Wenn Sie die Sauce am Vorabend vorbereiten, verlängert sich die Garzeit um knapp 1 Stunde, weil Sie mit kalter Sauce beginnen.

Für das Fleisch

- 600-800 g Schweinefilet, in 12 Medaillons geschnitten
- 12 Scheiben Bacon (Frühstücksspeck)

Für die Sauce

- 1 EL Olivenöl
- 1 Zwiebel, feinst gehackt
- 2 Knoblauchzehen, zerdrückt
- 400 g Pizzatomaten aus der Dose
- 200 g Sahne
- 50 g Tomatenmark
- 1 TL getrocknete italienische Kräuter
- Salz, Pfeffer

Dazu

- Bandnudeln oder Brot

1. Die Schweinemedaillons jeweils mit einer Scheibe Speck umwickeln und in den Einsatz des Slow Cookers legen.

2. Für die Sauce das Öl in einem separaten Topf erhitzen und Zwiebel und Knoblauch darin einige Minuten glasig braten. Pizzatomaten, Sahne und Tomatenmark dazugeben, alles gründlich durchrühren und mit den Gewürzen kräftig abschmecken. Die Sauce 5 Minuten köcheln lassen und heiß über das Fleisch gießen.

3. Den Deckel aufsetzen und knapp 3 Stunden auf HIGH garen. Mit Bandnudeln oder Brot servieren.

2,3-3 STD

Tipp

Achten Sie auf die Garzeit

Bei diesem Rezept sollten Sie die Garzeit nicht erheblich überschreiten: Das zarte Lendchenfleisch wird dann schnell trocken.

Rinderbraten mit karamellisierten Zwiebeln

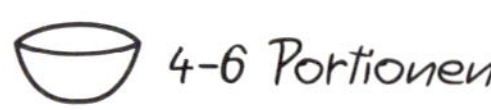

Für den Braten

- 1 kg Rinderbraten
- Salz, Pfeffer, Paprika, Zwiebelpulver
- 2 EL Öl
- 4 rote Zwiebeln, in Achteln
- 1 EL brauner Zucker
- 100 ml Wasser
- 2 EL Tomatenmark
- 50 ml roter Balsamico-Essig
- Mehlbutter zum Andicken der Sauce (optional)

Dazu

- Polenta oder Gnocchi
- Gemüse

4-9 STD

oder

4-4,5 STD

1. Das Fleisch kräftig würzen und in dem heißen Öl von allen Seiten in einem Topf anbraten, dann in den Einsatz des Slow Cookers legen.

2. Die Zwiebeln in das Bratfett geben, den Zucker aufstreuen und alles einige Minuten karamellisieren lassen, über das Fleisch geben. Den Bodensatz im Topf mit Wasser loskochen, Tomatenmark und Balsamico einrühren und alles mit Salz und Pfeffer abschmecken.

3. Die Sauce über das Fleisch gießen, den Deckel aufsetzen und 8 bis 9 Stunden auf LOW garen (auf HIGH sind es 4 bis 4,5 Stunden). Mit Polenta oder Gnocchi und Gemüse servieren.

Tipp

Anbraten

Dieses Rezept funktioniert übrigens auch völlig ohne Anbraten, die Garzeit verlängert sich dann um 2 bis 3 Stunden LOW. Allerdings finde ich die Optik dann weniger ansprechend und die Sauce ist irgendwie „eindimensionaler", weil ihr die Röststoffe fehlen.

Schaschliktopf mit Paprika

Nehmen Sie dieses Rezept als Grundanleitung für alle möglichen Arten von »Töpfen«, indem Sie einfach die verwendeten Saucen und Fleischarten variieren. Es schmeckt beispielsweise auch mit Currysauce und Putenfleisch oder mit Pilzen, Rindfleisch und Pilzcremesuppe. Wenn Sie Sahne verwenden, geben Sie diese erst am Ende dazu.

Für das Schaschlik

» 800 g Schweineschnitzel, in Streifen
» 1 rote und 1 gelbe Paprikaschote, in Streifen
» 3 Zwiebeln, in feinen Halbringen
» 250 ml Schaschliksauce aus dem Glas
» 250 ml Zigeunersauce aus dem Glas
» 2 EL Schmand
» heller Saucenbinder

Dazu

» Reis und Salat

7-8 STD Low + 30 MIN High oder 4,5 STD High

1. Fleisch, Gemüse und Saucen in den Keramikeinsatz des Slow Cookers geben und gut durchrühren. Den Deckel aufsetzen und auf LOW 7 bis 8 Stunden garen (HIGH etwa 4 Stunden).

2. Ungefähr 30 Minuten vor dem Servieren den Topf auf HIGH stellen und Schmand und Saucenbinder einrühren. Den Schaschliktopf mit Reis und Salat servieren.

Tipp

Auf den Spieß

Wenn Sie Wert auf originale Schaschlik-Optik legen, können Sie Fleisch und Gemüse natürlich auch auf Spieße stecken. Die müssen Sie – je nach Slow-Cooker-Topfgröße – vielleicht etwas kürzer schneiden.

Szegediner Gulasch

Ich habe bei diesem Rezept auch schon auf das Anbraten verzichtet. Der Geschmack ist genauso gut, aber optisch gefällt mir das Gericht mit angebratenem Fleisch besser.

Für das Gulasch

- 40 g Schmalz
- 1 kg Schweinegulasch
- 100 g geräucherter Speck, in Würfeln
- 400 g Zwiebeln, gewürfelt
- 1 Knoblauchzehe, zerdrückt
- 1 EL Paprikapulver edelsüß
- 1/2 l Gemüsebrühe (aus Instant)
- 1 EL Tomatenmark
- Salz, Pfeffer, Kümmel
- 400 g Sauerkraut (Dose), gut abgespült
- 200 g saure Sahne oder Schmand
- 1 EL Mehl

1. Das Schmalz in einem Schmortopf erhitzen. Die Fleischwürfel darin schön braun anbraten und in den Einsatz des Slow Cookers geben.

2. In dem Bratfett die Speckwürfel auslassen, darin Zwiebeln, Knoblauchzehe und Paprikapulver leicht braun rösten und in den Slow Cooker geben.

3. Den Bodensatz aus dem Schmortopf mit der Gemüsebrühe loskochen, mit Tomatenmark verrühren und über Fleisch und Zwiebeln gießen. Mit Salz, Pfeffer und Kümmel abschmecken, den Deckel aufsetzen und 6 Stunden auf LOW garen (oder 3 Stunden auf HIGH).

4. Dann den Topf auf HIGH stellen und das abgetropfte Sauerkraut 1 Stunde mitgaren lassen.

5. Die saure Sahne mit dem Mehl verquirlen und in den letzten 10 Minuten zum Andicken einrühren.

Schweinerouladen Italia

Ich habe statt des grünen Pesto auch schon mal das rote aus getrockneten Tomaten verwendet – war auch sehr lecker!

Für die Rouladen

» 8 große Schweineschnitzel oder Schweinerouladen
» Salz, Pfeffer
» 8 TL Basilikumpesto aus dem Glas
» 8 Scheiben Kochschinken
» 8 Scheiben Provolone-Käse oder milder Gouda
» 1 Packung à 500 g passierte Tomaten
» 2 EL Tomatenmark
» 150 ml Wasser oder Rotwein
» 2 TL Zucker
» getrockneter Oregano
» getrockneter Rosmarin
» 1 Knoblauchzehe, zerdrückt
» 200 g Sahne

Dazu

» Bandnudeln oder Penne

6-7 STD

oder

3,5 STD

1. Die Schweineschnitzel platt klopfen, mit Salz und Pfeffer würzen und jeweils mit 1 TL Pesto bestreichen. Auf jedes Schnitzel 1 Scheibe Kochschinken und 1 Scheibe Käse legen. Aufrollen und mit einer Rouladennadel oder einem Zahnstocher feststecken.

2. Die Fleischröllchen in den Slow Cooker legen. Tomaten, Tomatenmark und Wasser verrühren, mit Zucker, Kräutern, Knoblauch, Salz und Pfeffer würzen und über das Fleisch gießen.

3. Den Deckel aufsetzen und 6 bis 7 Stunden auf LOW garen (oder 3,5 Stunden auf HIGH). In der letzten Stunde die Sahne einrühren. Die Rouladen mit Bandnudeln oder Penne servieren.

Tipp

Je nach Schnitzelgröße
passen bis zu 12 Rouladen
in den großen Slow Cooker.
Sie sollten aber nicht
übereinander liegen.

Putenbraten mit Specksauce

Für den Braten

- 1,2 kg Putenbrust, ohne Haut und Knochen
- Salz, Pfeffer
- 2 EL Öl
- 50 g Räucherspeck, in Würfeln
- 2 Möhren, in feinen Würfeln
- 1 Zwiebel, grob gehackt
- 1 Knoblauchzehe, zerdrückt
- 100 g Knollensellerie, in Würfeln
- 250 ml Geflügelbrühe oder Weißwein
- 50 ml Sahne (optional)
- 1 EL Speisestärke (optional)

6 STD Low oder 3 STD High

1. Die Putenbrust salzen und kräftig pfeffern. Im Öl von allen Seiten bei großer Hitze kurz braun braten und in den Einsatz des Slow Cookers legen.

2. Im Bratfett anschließend auch Speck, Möhren, Zwiebel, Knoblauch und Sellerie anrösten. Geflügelbrühe oder Wein angießen und so den Bratensatz loskochen. Die Flüssigkeit über das Fleisch geben.

3. Den Deckel aufsetzen und auf LOW etwa 6 Stunden garen (HIGH ca. 3 Stunden).

4. Falls gewünscht, die Sauce mit in Sahne angerührter Speisestärke andicken, den Topf dazu nochmal 30 Minuten auf HIGH stellen.

Tipp

Die köstlich-würzige Sauce wird schön glatt, wenn Sie vor dem Servieren den Pürierstab hineinhalten. Dann müssen Sie vermutlich auch gar nicht mehr andicken. Ein Klecks Sahne tut aber in jedem Fall gut!

Hühnchenschenkel in Erdnusssauce

VORBEREITUNGSZEIT
15 Minuten

1. Zwiebeln und Knoblauchzehen im Öl in einem Topf glasig dünsten. Hühnerbrühe, Tomaten und Gewürze dazugeben, heiß werden lassen und kräftig abschmecken.

2. Die Hähnchenkeulen in den Einsatz des Slow Cookers legen und mit der heißen Flüssigkeit begießen.

3. Den Deckel aufsetzen und 6 Stunden auf LOW (oder 3 Stunden auf HIGH) garen, bis die Hühnerbeine fast gar sind.

4. Für die Sauce Erdnussbutter, Limettensaft, Zucker und Currypulver in einer Schüssel mit etwas Garflüssigkeit verrühren. Die Sauce zusammen mit fein gehackter Chilischote (nach Geschmack mehr oder weniger) und der Paprikaschote in den Slow Cooker geben und durchmischen. Weitere 30 bis 45 Minuten auf HIGH erhitzen, bis die Paprikaschote weich ist.

Für das Gericht

» 2 Zwiebeln, fein gehackt
» 2 Knoblauchzehen
» 2 EL Öl
» 125 ml Hühnerbrühe (aus Instant)
» 1 Packung à 125 ml passierte Tomaten
» Oregano, Salz, Pfeffer
» 12 Hähnchenunterkeulen ohne Haut (siehe Tipp)
» 150 g Erdnussbutter
» 1 EL Limettensaft
» 1 TL brauner Zucker
» 1 EL Currypulver
» 1 Chilischote, feinst gehackt
» 1 rote Paprika, in feinen Würfeln

6 STD

\+ 30 MIN

oder 3,5 STD

Ich entferne die Haut von den Hühnerkeulen vor dem Garen, weil sie sonst sehr viel Fett abgibt. Zudem wird sie nicht knusprig.

Indisches Hühnchen in Kokosmilchsauce

Der indische Name dieses Gerichts ist Butter Chicken. Doch es enthält kaum Butter, stattdessen besteht die cremige Sauce aus Kokosmilch und etwas Joghurt.

4 Portionen

TOPFGRÖSSE
3,5 Liter

VORBEREITUNGSZEIT
10 Minuten

Für das Hühnchen

- 1 Zwiebel, feinst gehackt
- 800 g Hähnchenbrustfilet, mundgerecht geschnitten
- 2 Knoblauchzehen, zerdrückt
- 2 cm Ingwer, geschält und gerieben
- 1 EL mildes oder scharfes Currypulver
- 1-2 TL rote oder gelbe Currypaste
- 1 TL Kurkuma
- 1 EL Garam Masala
- 1/4 TL Salz
- 70 g Tomatenmark (1 Döschen)
- 400 ml Kokosmilch
- 2 EL Joghurt
- 2 EL Butter, flüssig

Zum Servieren

- Reis oder Naanbrot
- Frühlingszwiebeln

1. Die Zwiebel auf den Boden des Slow-Cooker-Einsatzes streuen, darauf das Fleisch schichten. Alle weiteren Zutaten verrühren und nach Wunsch abschmecken (wer es nicht so scharf mag, verwendet mildes Currypulver und wenig oder keine Currypaste).

2. Den Deckel aufsetzen und das Gericht auf LOW 7 Stunden garen (HIGH 3,5 Stunden).

3. Am Ende einmal gründlich durchrühren und mit gehackten Frühlingszwiebeln bestreut servieren. Dazu Reis oder Naanbrot reichen.

7 STD

Low

oder

3,5 STD

High

Orangenhuhn Asia

4 Portionen

TOPFGRÖSSE
3,5 Liter

VORBEREITUNGSZEIT
10 Minuten

Für das Hühnchen

» 100 ml + 3 TL Orangensaft
» 2 EL Orangenmarmelade
» 50 g milder, flüssiger Honig
» 3 EL Sojasauce
» 3 EL Hoisinsauce
» 2 cm frischer Ingwer, geschält und ganz fein gewürfelt
» 2 Knoblauchzehen, zerdrückt
» 1 EL Sesamöl
» 600 g Hähnchenbrustfilet, in mundgerechten Stücken
» 2 leicht gehäufte TL Speisestärke

Zum Servieren

» 2 EL Sesamsaat, leicht angeröstet
» Frühlingszwiebeln, fein gehackt
» Reis oder gebratene Nudeln

1. 100 ml Orangensaft, Orangenmarmelade, Honig, Soja- und Hoisinsauce, Ingwer, Knoblauch und Sesamöl zu einer Marinade verrühren.

2. Die Hähnchenstücke gut mit der Marinade mischen, sodass das Fleisch gut benetzt ist, und in den Keramikeinsatz des Slow Cookers geben. Den Deckel aufsetzen und auf LOW etwa 4 bis 4,5 Stunden garen.

3. Dann die Speisestärke mit 3 TL Orangensaft anrühren, in die Sauce geben und das Gericht auf Stufe HIGH etwa 30 Minuten andicken lassen, evtl. noch mit etwas Sojasauce abschmecken.

4. Das Fleisch mit Sesam und Frühlingszwiebeln garnieren und mit Reis oder gebratenen Nudeln servieren.

Pulled Pork

Pulled Pork ist superwürziges, zerzupftes Schweinefleisch – ein klassisches US-Südstaatengericht, das mit Coleslaw als Sandwich gegessen wird. Im Slow Cooker gelingt es ohne große Mühe und bleibt supersaftig.

MARINIERZEIT
über Nacht

Für die Gewürzmischung Cajun-Rub

- 1 EL geräuchertes Paprikapulver (bei den Spanienprodukten, sonst Paprika edelsüß)
- 1 TL Chiliflocken (oder weniger, wenn Sie es nicht gerne scharf mögen)
- 1 TL Knoblauchgranulat
- 1 TL Zwiebelgranulat
- 1/2 TL Pfeffer
- 1/4 TL getrockneter Oregano
- 1 TL Salz
- 1 EL brauner Zucker

Für das Sandwich

- 1,2 kg Schweinenackenbraten
- 150 ml Apfelsaft
- 25 ml Apfelessig
- 300-400 ml Barbecuesauce
- 8 Baguette- oder Hamburgerbrötchen
- Coleslaw (Krautsalat)

12-13 STD

oder

6-7 STD

1. Alle Zutaten für den Cajun-Rub gut vermengen und das Fleisch damit gründlich einreiben. In einen Plastikbeutel geben, diesen gut verschließen und über Nacht im Kühlschrank lagern.

2. Am nächsten Tag Apfelsaft und Apfelessig in den Keramikeinsatz des Slow Cookers geben, das Fleisch aus dem Plastikbeutel nehmen und dazulegen. Den Deckel aufsetzen und 6 bis 7 Stunden auf HIGH (LOW 12 bis 13 Stunden) garen (dabei idealerweise einmal wenden), bis das Fleisch ganz weich ist.

3. Das Fleisch aus dem Sud nehmen, in Alufolie schlagen und 30 Minuten ziehen lassen. Dann mit der Gabel zerzupfen und mit der Barbecuesauce vermengen.

4. Die Brötchen eventuell aufbacken, aufschneiden, mit dem Fleisch belegen und den Krautsalat obenauf geben. Sofort servieren.

Variante

Wenn Sie nicht so gerne Schweinefleisch essen: Genauso wie Pulled Pork lassen sich auch Pulled Chicken (mit Hühnchenbrust) oder Pulled Beef (mit Rinderschmorfleisch) zubereiten. Bei Geflügel ist die Garzeit ein bis zwei Stunden kürzer, bei Rindfleisch ein bis zwei Stunden länger.

Hackbällchen »Toskana«

Für die Sauce

- 2 kleine Zwiebeln
- 1-2 Knoblauchzehen
- 1 Packung à 800 ml passierte Tomaten
- 100 g Tomatenmark
- Salz, Pfeffer
- 1 TL Zucker
- getrockneter Oregano
- getrockneter Basilikum

Für die Hackbällchen

- 1 kg gemischtes Hackfleisch
- 2 Eier
- 50 g Paniermehl
- Salz, Pfeffer
- 1 Prise Fenchelsamen, zerrieben
- 1/2 TL Paprika
- 1/2 Bund Petersilie, gehackt
- 30 g geriebener Parmesan
- 125 g Mini-Mozzarella-Kugeln

6-7 STD

oder

3-3,5 STD

1. Zwiebeln und Knoblauchzehen im Zerhacker sehr fein hacken, fast zu Püree. Mit Tomaten und Tomatenmark in den Einsatz des Slow Cookers geben, durchrühren und mit den Gewürzen abschmecken – die Kräuter dabei eher sparsam verwenden. Deckel aufsetzen und auf Stufe HIGH oder LOW anstellen.

2. Für die Hackbällchen alle Zutaten bis auf die Mozzarella-Kugeln zu einem glatten Fleischteig vermischen und pikant abschmecken. Dann jeweils eine Fleischteig-Portion in die Hand nehmen, etwas flach drücken und eine Käsekugel auflegen. Alles zu einem Hackbällchen formen, dabei gut verschließen.

3. Die Hackbällchen in die Tomatensauce im Slow Cooker legen, den Deckel aufsetzen und alles etwa 3 bis 3,5 Stunden auf HIGH (oder 6 bis 7 Stunden auf LOW) garen.

Tipp

Falls die Sauce durch ausgetretenes Eiweiß flockig geworden ist, entnehmen Sie die Bällchen und pürieren Sie die Tomatensauce.

Biergulasch

Nach diesem Rezept lässt sich übrigens auch Rindergulasch (dann mit Rotwein oder Rinderfond) zubereiten. Verlängern Sie bei Rind jedoch die Garzeit um 1 bis 2 Stunden auf LOW – ebenso wenn Sie den Schritt des Anbratens auslassen.

Für das Gulasch

- 1 kg Schweinegulasch
- 500 g Zwiebeln, gewürfelt
- 2 EL Öl
- 1 Knoblauchzehe, zerdrückt
- 2 EL Tomatenmark
- 1 EL Paprika edelsüß
- 400 ml Rinderfond oder Brühe (aus Instant)
- 200 ml dunkles Bier (z. B. Alt oder Schwarzbier)
- Salz, Pfeffer
- 1 Prise Kümmel
- 1 Prise Zucker
- 1 EL Mehl
- 1 EL Schmand

1. Gulasch und Zwiebeln im Öl in einem Schmortopf bei scharfer Hitze kurz braun anbraten, dann in den Slow Cooker geben.

2. Knoblauch, Tomatenmark, Paprikapulver, Brühe und Bier einrühren, mit Salz, Pfeffer, wenig Kümmel und einer Prise Zucker abschmecken.

3. Den Deckel aufsetzen und etwa 6 bis 7 Stunden auf LOW garen (3,5 bis 4 Stunden auf HIGH).

4. Dann auf HIGH stellen und das Gulasch mit in Wasser angerührtem Mehl 30 Minuten etwas andicken und mit Schmand verfeinern.

Krustenbraten

Klassische Beilagen zum Krustenbraten sind Knödel und Sauerkraut. Den Schritt des Überbackens sollten Sie nicht auslassen – nur so entsteht die tolle Kruste!

Für den Braten

» 4 Zwiebeln, in Scheiben
» 500 g Möhren, in Scheiben
» Salz, Pfeffer
» 2,5 kg Krustenbraten (Schulterstück mit kreuzweise eingeschnittener Schwarte)
» 1 TL Paprika
» 2 TL Senf
» 250 ml helles Bier
» Prise Kümmel
» 1 TL Instantbrühpulver
» dunkler Saucenbinder oder angerührte Speisestärke

8-9 STD Low + 30 MIN High oder 4,5-5,5 STD High

1. Zwiebel- und Möhrenscheiben mit Salz und Pfeffer mischen und in den Slow-Cooker-Einsatz geben.

2. Den Braten mit Salz, Pfeffer, Paprika und Senf einreiben und auf das Gemüse legen. Das Bier angießen, mit Kümmel und Brühe würzen. Den Deckel aufsetzen und den Braten etwa 8 bis 9 Stunden auf LOW garen (auf HIGH 4 bis 5 Stunden).

3. Das Fleisch entnehmen und unter dem vorgeheizten Backofengrill bei 220 °C 5 bis 10 Minuten braun überkrusten.

4. Möhren und Zwiebeln aus dem Slow Cooker nehmen und separat servieren. Den Slow Cooker auf HIGH stellen und den Bratenfond mit Saucenbinder 30 Minuten andicken.

Rinderrouladen

Manchmal brate ich die Rouladen zu Beginn ganz kurz bei sehr großer Hitze oben und unten an und gare sie dann eine knappe Stunde weniger. Das sieht besser aus – vom Geschmack her ist es aber nicht notwendig.

Für die Rouladen

- 6 Rinderrouladen
- 6 TL Senf
- Salz, Pfeffer
- 3 kleine Zwiebeln, sehr fein gehackt
- 100 g geräucherter Speck, in feinen Würfeln
- 6 Gurkensticks oder längs geviertelte saure Gurken
- 300 ml Fleischbrühe (aus Instant)
- 100 ml Rotwein (optional – sonst insgesamt 400 ml Brühe)
- 1 EL Tomatenmark
- Mehlbutter zum Andicken

9-10 STD 30 MIN

oder

5,5 STD

1. Die Rouladenscheiben mit Senf einstreichen und mit Salz und Pfeffer würzen. Mit Zwiebel- und Speckwürfeln belegen. Je einen Gurkenstick einrollen und mit einem Zahnstocher fixieren.

2. Die Rouladen ohne Anbraten mit der Naht nach unten in den Keramikeinsatz des Slow Cookers legen, nochmals salzen und pfeffern. Fleischbrühe, Rotwein (falls verwendet) und Tomatenmark verquirlen und über die Rouladen gießen.

3. Den Deckel aufsetzen und das Fleisch 9 bis 10 Stunden auf LOW garen (auf HIGH 5 Stunden). Dann den Topf auf HIGH stellen und die Sauce 30 Minuten mit Mehlbutter andicken.

Variante

Sie können die Rouladen auch nur mit gut gewürztem Mett füllen. Oder für eine italienische Variante Pancetta und getrocknete Tomaten einrollen.

Fischcurry à la Thailand

Für das Curry

- 2 Möhren, in dünnen Scheibchen
- 2 Paprikaschoten, in Streifen
- 1 große Zwiebel, fein gehackt
- 125 ml Hühnerfond (Instant oder Glas)
- 400 ml Kokosmilch
- 2 Knoblauchzehen, zerdrückt
- 2 EL Sojasauce
- Kreuzkümmel, Chilipulver
- Koriander (oder 1 EL rote Thai-Currypaste)
- 75 g Erdnussbutter
- 1 TL Zitronensaft
- 1 EL Speisestärke
- 600 g Fischfilet, in 1 cm breiten Streifen

Zum Servieren

- Frühlingszwiebeln, gehackt
- frischer Koriander, gehackt
- Erdnüsse, gehackt

4,5 STD Low + 30 MIN High oder 3 STD High

1. Möhren, Paprika und Zwiebel in den Slow Cooker geben. Hühnerfond, Kokosmilch, Knoblauch und Sojasauce dazugeben und mit den Gewürzen abschmecken.

2. Den Deckel aufsetzen und auf LOW etwa 4,5 Stunden (auf HIGH 2,5 Stunden) garen.

3. Anschließend Erdnussbutter, Zitronensaft und Speisestärke verrühren und in den Topf geben. Den Fisch einlegen und alles weitere 30 bis 45 Minuten auf HIGH garen, bis der Fisch gar ist.

4. Zum Servieren mit Frühlingszwiebeln, Koriander und Erdnüssen bestreuen.

Variante

Statt Fisch können Sie auch Putenstreifen verwenden, die dann von Anfang an mitgegart werden.

Backkartoffeln mit zweierlei Füllung

4 Portionen

TOPFGRÖSSE
3,5 Liter

VORBEREITUNGSZEIT
25 Minuten

Für die Kartoffeln

» 4 große Kartoffeln
» 50 g Sahne
» 2 gehäufte EL Schmand
» 2 Frühlingszwiebeln, feinst gehackt
» 50 g Frühstücksspeck, feinst gewürfelt
» 140 g Tunfisch in Wasser, abgetropft
» Salz, Pfeffer
» 100 g pikanter Käse, gerieben
» Petersilie

3,5- 4 STD

1. Die ungeschälten Kartoffeln unter fließendem Wasser gründlich schrubben. Einige Male mit einer Gabel einstechen und tropfnass in den Slow Cooker legen. Den Deckel aufsetzen und auf Stufe HIGH 3,5 bis 4 Stunden (je nach Größe der Kartoffeln) garen, bis sie weich sind.

2. Die Kartoffeln herausnehmen, längs durchschneiden und mit einem Löffel etwas aushöhlen, das Innere der Kartoffeln beiseite stellen.

3. Sahne, Schmand und Frühlingszwiebeln verrühren, mit den ausgeschabten Kartoffelstücken zu einer Art Püree zerdrücken. Die Masse auf zwei Schüsseln verteilen. Eine mit Speckwürfeln, die andere mit Tunfisch vermischen und kräftig mit Salz und Pfeffer abschmecken.

4. Die Tunfisch- und Speck-Kartoffelmassen zurück in die ausgehöhlten Kartoffeln füllen und dicht an dicht in eine Auflaufform setzen und mit Käse bestreuen. Unter dem Backofengrill (200 °C) 10 bis 15 Minuten braun backen.

Variante

Auch ungefüllte Rosmarinkartoffeln können Sie im Slow Cooker zubereiten. Dafür einfach kleine Kartoffeln (Drillinge) in Olivenöl, Rosmarin und Gewürzen schwenken und etwa 3,5 Stunden auf HIGH garen.

Gyros in Metaxa-Sauce

Die Metaxa-Sauc ist köstlich, allerdings nicht kindgerecht. Möchten Sie ohne Alkohol kochen, verwenden Sie einfach Fleischbrühe. Die typische, leicht bittere Note fehlt dann allerdings.

6 Portionen

TOPFGRÖSSE
3,5 Liter

VORBEREITUNGSZEIT
5 Minuten

ZIEHZEIT
2-4 Stunden

Für das Fleisch

- 1 kg Geschnetzeltes vom Schwein
- 2 EL fertiges Gyrosgewürz (oder eine Mischung aus Salz, Pfeffer, Kreuzkümmel, Zwiebelpulver, Oregano, Thymian, Rosmarin)
- 1 EL Öl
- 2 Knoblauchzehen, zerdrückt
- 350 g Zwiebeln, in feinen Halbringen
- 250 ml Fleischbrühe (aus Instant)

Für die Sauce

- 100 ml Metaxa (griechischer Weinbrand) oder Fleischbrühe
- 20 g Speisestärke
- 75 g Tomatenmark
- 250 g Schmand

6-7 STD Low + 30 MIN High oder 3,5 STD High

1. Das Fleisch mit Gyrosgewürz und Öl mischen und im Kühlschrank 2 bis 4 Stunden durchziehen lassen.

2. Fleisch, Knoblauch, Zwiebeln und Fleischbrühe in den Einsatz des Slow Cookers geben und gut durchrühren. Den Deckel aufsetzen und auf LOW etwa 6 bis 7 Stunden garen.

3. Dann die Saucenzutaten verrühren, zum Fleisch geben und weitere 30 Minuten auf HIGH garen.

Vitello Tonnato

Dieses festliche Gericht lässt sich sehr gut vorbereiten, denn die fertig vorbereitete Platte kann, mit Folie abgedeckt, einige Stunden im Kühlschrank durchziehen.

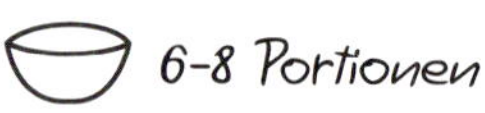
6-8 Portionen

TOPFGRÖSSE
3,5 Liter

VORBEREITUNGSZEIT
25 Minuten

ABKÜHLZEIT
1-2 Stunden

Für das Fleisch

- 1 kg Kalbstafelspitz
- 1 Bund Suppengemüse, klein geschnitten
- 1 Zwiebel, halbiert
- 1 Lorbeerblatt
- Salz, einige Pfefferkörner
- 100 ml Weißwein

Für die Tunfisch-mayonnaise

- 2 Eier (Raumtemperatur)
- Saft einer 1/2 Zitrone
- Salz
- 200 ml Rapsöl
- 200 ml Olivenöl
- 2-3 Anchovisfilets
- 1 EL Kapern
- 1 Dose à 150 g Abtropfgewicht Tunfisch in Öl

Zum Garnieren

- Kapern
- Zitronenscheiben
- Petersilie, gehackt

10-11 STD

oder

5-5,5 STD

1. Das Kalbfleisch mit Suppengemüse, Zwiebel, Lorbeerblatt, Salz, Pfeffer und Wein in den Slow-Cooker-Einsatz geben. Mit Wasser aufgießen, bis das Fleisch weitgehend bedeckt ist.

2. Den Deckel aufsetzen und auf LOW 10 bis 11 Stunden garen (HIGH 5 bis 5,5 Stunden). Dann das Fleisch in der Brühe erkalten lassen, dazu den Deckel abnehmen.

3. Für die Sauce Eier, Zitronensaft und eine Prise Salz in den Mixer geben. Kurz aufschlagen, dann durch die Öffnung im Deckel das Öl in einem dünnen, stetigen Strahl zugießen, dabei ständig mixen. Ist eine dicke, glatte Mayonnaise entstanden, Anchovis, Kapern und abgegossenen Tunfisch unterarbeiten. Nach Wunsch die Sauce mit einigen Esslöffeln erkaltetem (aber nicht gekühltem) Kochsud verdünnen.

4. Das Kalbfleisch abtrocknen, in dünne Scheiben schneiden und auf eine Platte legen. Mit Sauce abdecken und mit Kapern, Zitrone und Petersilie garnieren.

Osso Buco

Für das Osso Buco

- 100 g Mehl
- 1 TL Salz
- Pfeffer
- 4 Möhren, in fingerdicken Stiften
- 6-8 Scheiben Kalbshaxe, je knapp 2 cm dick (siehe Tipp)
- 4 EL Öl oder Butterschmalz
- 1 Zwiebel, fein gehackt
- 2 Knoblauchzehen, zerdrückt
- 1 Möhre, in feinen Würfeln
- 50 g Sellerie, in feinen Würfeln
- Salz, Pfeffer
- Instantbrühe
- 1 Prise Zucker
- 400 g Fleischtomaten, fein gehackt
- 200 ml Rotwein
- 1 Handvoll Kirschtomaten

Dazu

- Polenta oder Bandnudeln

6-7 STD

oder

3-3,5 STD

1. Das Mehl mit Salz und kräftig Pfeffer vermischen. Die Möhren auf den Boden des Slow Cookers legen.

2. Die Fleischscheiben abtupfen und im gewürzten Mehl wenden. In einem Bratentopf in sehr heißem Öl portionsweise von beiden Seiten kurz braun braten. Auf die Möhren legen.

3. Ebenfalls im Bratentopf Zwiebel, Knoblauch, Möhren- und Selleriewürfel gründlich anrösten und gut würzen. Fleischtomaten und Rotwein dazugeben und alles einmal aufkochen lassen. Dann alles in den Slow Cooker geben und die Kirschtomaten aufstreuen.

4. Den Deckel aufsetzen und auf LOW 6 bis 7 Stunden garen (auf HIGH 3 bis 3,5 Stunden), bis das Fleisch fast vom Knochen fällt. Das Fleisch entnehmen und den Sud nach Wunsch mit Saucenbinder etwas andicken. Dazu Polenta (stilecht) oder Bandnudeln (auch lecker) servieren.

Tipp

Hat Ihnen Ihr Metzger die Scheiben dicker geschnitten oder verwenden Sie Rinderbeinscheiben, kalkulieren Sie 1 bis 2 Stunden Garzeit mehr ein.

Dampfnudeln

Für die Vanillemilch

- 125 ml Milch
- 40 g Butter
- 1 Päckchen Vanillezucker

Für den Teig

- 1/2 Würfel Hefe (20 g)
- 80 ml Milch, lauwarm
- 275 g Mehl
- 30 g Zucker
- 30 g geschmolzen Butter
- 1 Ei
- 1 Päckchen Vanillezucker
- 1 Prise Salz

Dazu

- 1 Päckchen Vanillesauce
- Fruchtkompott

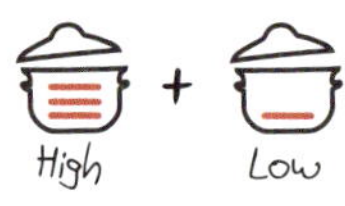

1. Die Zutaten für die Vanillemilch in den Slow Cooker geben und auf LOW warm werden lassen, bis die Butter geschmolzen ist.

2. Währenddessen für den Teig die Hefe in lauwarmer Milch auflösen und 10 Minuten stehen lassen. Dann mit Mehl, Zucker, Butter, Ei, Vanillezucker und Salz zu einem glatten Teig verkneten. 15 Minuten zugedeckt ruhen lassen.

3. Aus dem Teig 6 bis 8 Dampfnudeln formen, in die warme Milch im Slow Cooker legen, den Deckel aufsetzen und 30 Minuten auf HIGH, dann weitere 1 bis 1,5 Stunden auf LOW garen – dabei schon gegen Mitte der Garzeit den Garzustand kontrollieren (durch den Deckel schauen, ob die Dampfnudeln aufgegangen sind) – vor allem bei Slow Cookern, die gerne heißer werden! Aber keinesfalls den Topf oft öffnen, sonst fallen die Dampfnudeln zusammen.

4. Noch warm mit Vanillesauce und Früchtekompott servieren.

Quarkauflauf mit Birnen

Dieses Rezept funktioniert auch bestens mit sehr dünnen, leicht gezuckerten Rhabarberscheibchen, Sauerkirschen oder Johannisbeeren.

4-6 Portionen

TOPFGRÖSSE
3,5 Liter

VORBEREITUNGSZEIT
20 Minuten

ABTROPFZEIT
einige Stunden

Für den Auflauf

- 500 g Magerquark
- 2 Löffelbiskuits, fein zerbröselt
- 1 Bio-Zitrone
- 3-4 kleine, reife Birnen, geschält und längs geachtelt
- 3 Eier
- 1 Prise Salz
- 50 g + 1 EL Puderzucker
- 1 Päckchen Vanillezucker
- 1 EL Speisestärke
- einige Cranberrys (TK) oder Kirschen aus dem Glas, abgetropft
- 50 g gehackte Mandeln

4-5 STD

oder

2,5 STD

1. Den Quark in ein Sieb geben und einige Stunden im Kühlschrank gut abtropfen lassen. Den Keramikeinsatz des Slow Cookers leicht fetten und mit den zerbröselten Löffelbiskuits ausstreuen.

2. Die Zitrone auspressen und die Schale abreiben. Die Birnenachtel im Zitronensaft schwenken. Die Eier trennen und das Eiweiß mit Salz und 1 EL Puderzucker langsam zu Schnee schlagen. Beiseite stellen.

3. Eigelb mit 50 g Puderzucker und Vanillezucker zu einer dickschaumigen Masse aufschlagen. Die Speisestärke über die Eigelbmasse sieben, die Zitronenschale hinzugeben und alles vermengen. Anschließend den abgetropften Quark unterheben und danach den Eischnee.

4. Die Quarkmasse in den Keramikeinsatz geben und glatt streichen. Mit Birnenspalten und Cranberrys (oder Kirschen) belegen. Die Mandeln darüber streuen.

5. Den Deckel aufsetzen und den Auflauf 2,5 Stunden auf HIGH (oder 4 bis 5 Stunden auf LOW) garen. Den Quarkauflauf etwas abkühlen lassen und lauwarm mit Puderzucker bestreut im Keramikeinsatz servieren.

Vanillejoghurt

Da wissen Sie, was drin ist! Ich beginne mit der Zubereitung immer am Nachmittag und lasse den Joghurt dann über Nacht stehen.

 12 Portionen

 TOPFGRÖSSE
3,5 Liter

 VORBEREITUNGSZEIT
15 Minuten

ABKÜHLZEIT
2-3 Stunden

STEHZEIT
8 Stunden

1. Die Milch (ich habe halb Frischmilch, halb H-Milch verwendet) in den Einsatz des Slow Cookers geben. Die Vanilleschote dazugeben, den Deckel auflegen. 3 Stunden auf LOW erhitzen. Anschließend den Slow Cooker ausstellen und die Milch 2-3 Stunden abkühlen lassen, dabei den Deckel nicht (!) abnehmen.

2. Den Naturjoghurt in eine Schüssel geben und eine gute Kelle voll von der noch leicht warmen Milch zugeben. Zucker und Magermilchpulver einrühren.

3. Die Vanilleschote aus der Milch entfernen. Einige Löffel der Joghurtmasse in die Milch einrühren. Die Schüssel wieder mit der noch leicht warmen Milch auffüllen, rühren und wieder ein paar Löffel davon in die Milch im Slow Cooker einrühren. Diesen Vorgang mehrmals wiederholen – so werden die beiden Flüssigkeiten behutsam gemischt und in der Temperatur angeglichen.

4. Den Slow Cooker mit dem Deckel schließen und in zwei oder drei dicke Badetücher wickeln. Ungestört auf der Arbeitsfläche 8 Stunden (oder über Nacht) stehen lassen.

Für den Joghurt

- 2 l Vollmilch
- 1 Vanilleschote, aufgeschlitzt
- 100 g Naturjoghurt zum Impfen, z.B. griechischer Sahnejoghurt
- 4 EL Zucker (nach Geschmack)
- 2 EL Magermilchpulver, optional, sorgt für eine festere Konsisten

Zum Servieren

- Früchte, Kompott, Honig

3 STD

NICHT EMPFOHLEN

Milchreis

Gerichte mit Milch gare ich nur in Ausnahmefällen auf Stufe LOW, da durch die lange Garzeit ein Säuerungsprozess in Gang gesetzt werden kann. Damit Milch oder Sahne nicht ausflockt, gebe ich diese erst ganz zum Schluss zu oder gare – wie hier – auf HIGH.

TOPFGRÖSSE
3,5 Liter

VORBEREITUNGSZEIT
5 Minuten

Für den Milchreis

- 200 g Milchreis oder italienischer Arborio-Reis
- 800 ml Milch
- 1/4 Vanilleschote, aufgeschlitzt
- 1 Prise Salz
- 2-3 EL Zucker

Zum Servieren

- Sahne
- Zimtzucker, frische Früchte oder Kompott

1. Alle Zutaten für den Milchreis in den Keramikeinsatz des Slow Cookers geben und einmal gut durchrühren. Den Deckel aufsetzen und auf HIGH 2,5 bis 3 Stunden garen. Falls möglich, zwischendurch einmal rühren.

2. Den Milchreis nach Belieben mit etwas flüssiger Sahne und weiterem Zucker abschmecken. Mit Zimtzucker oder Kompott servieren.

2,5-3 STD

NICHT EMPFOHLEN

Wenn Sie 200 ml Milch mehr verwenden und 1/2 Zimtstange sowie ungespritzte Orangenschale hinzugeben, erhalten Sie spanischen »Arroz con leche«. Er wird kalt serviert.

Schokoladencreme

Diese cremig-schokoladigen »Schokoladentöpfchen« sind ein spektakuläres Dessert, das sich gut vorbereiten lässt. Falls Sie keine feuerfesten Formen haben, nehmen Sie stabile Kaffeetassen. Auch die kleinen Gläser aus dem schwedischen Möbelhaus halten die Prozedur aus.

8 Portionen

TOPFGRÖSSE
6,5 Liter

VORBEREITUNGSZEIT
20 Minuten

ABKÜHLZEIT
einige Stunden oder über Nacht

Für die Creme

- 200 g Sahne
- 400 ml Milch
- 200 g Bitterschokolade, klein gehackt
- 2 Eier
- 2 Eigelb
- 50 g Zucker
- 1 Prise Zimt

Zum Servieren

- 200 ml Sahne
- 1 Prise Zucker
- 4 EL Baileys
- Schokoraspel

3 STD

NICHT EMPFOHLEN

1. Sahne und Milch in einem Topf bis fast zum Kochen erhitzen. Vom Herd nehmen, die Schokolade hineinbröckeln und rühren, bis sie sich aufgelöst hat.
2. Eier, Eigelb, Zucker und Zimt mit einem Schneebesen verrühren (nicht schaumig schlagen), die heiße Schokoladenmilch dazugeben und alles gründlich verrühren.
3. Die Schokomasse durch ein Sieb in acht feuerfeste Formen gießen. Jedes Förmchen mit einem Stück Alufolie verschließen und in den Slow Cooker setzen. Sehr heißes Wasser angießen, so dass die Formen gut zur Hälfte im Wasser stehen.
4. Den Deckel aufsetzen und 3 Stunden auf LOW garen. Die Schokomousse sollte jetzt nicht mehr flüssig sein, sondern fest oder zumindest nur in der Mitte etwas flexibel. Ist sie noch flüssig, 30 Minuten zugeben.
5. Die einzelnen Behälter vorsichtig aus dem Slow Cooker nehmen und auf Zimmertemperatur abkühlen lassen. Dann einige Stunden (oder über Nacht bzw. 1 Tag) in den Kühlschrank stellen.
6. Zum Servieren die Sahne mit Zucker steif schlagen, mit Baileys (oder Kahlua) verrühren und jeweils einen Klecks auf die Gläser geben. Mit Schokoraspeln verzieren.

Honig-Nuss-Knuspermüsli

Beachten Sie, dass das Müsli nicht im Slow Cooker knusprig wird, sondern erst später beim Auskühlen!

12 Portionen

TOPFGRÖSSE
3,5 Liter oder größer

VORBEREITUNGSZEIT
10 Minuten

Trockene Zutaten

» 500 g kernige Haferflocken
» 100 g Mandelblättchen
» 100 g Kokosraspel
» 150 g Walnüsse, grob gehackt

Feuchte Zutaten

» 100 ml flüssiger Honig
» 75 g brauner Zucker
» 100 ml Sonnenblumenöl
» 75 ml Wasser
» 1 TL Zimt
» 1/4 TL Salz

Sonstige Zutaten

» 80 g getrocknete Apfelringe
» 100 g getrocknete Blaubeeren
» Rosinen, getrocknete Cranberrys, 25 g Weizenkleie

1. Die trockenen Zutaten im Slow-Cooker-Einsatz vermischen. Die feuchten Zutaten in eine Schüssel oder einen Topf geben und auf dem Herd oder in der Mikrowelle bis zum Siedepunkt erhitzen. Über die Flocken geben und gründlich durchrühren, bis alles befeuchtet ist.

2. Den Slow Cooker auf HIGH stellen. Den Deckel etwas schräg aufsetzen, so dass noch Feuchtigkeit entweichen kann, und das Müsli 2 bis 3 Stunden rösten, dabei zunächst alle 30 Minuten gut durchrühren, zum Ende der Garzeit alle 15 Minuten. Das Müsli ist fertig, wenn Mandelblättchen und Nüsse leicht gebräunt sind.

3. Trockenfrüchte und Weizenkleie erst nach dem vollständigen Erkalten untermischen, sie werden sonst steinhart.

2-3 STD

NICHT EMPFOHLEN

Ich bewahre das Müsli im Schraubglas oder in einer Dose auf. Es ist ca. 2 bis 3 Wochen haltbar.

Erdbeer-Rhabarber-Crumble

Dieses Rezept funktioniert auch mit Äpfeln und Birnen, eigentlich mit fast allen Fruchtsorten und -mischungen. Bei harten, weniger saftigen Früchten müssen Sie aber etwa 50 ml Flüssigkeit dazugeben, die Stücke sehr klein schneiden und die Garzeit eventuell um 30 bis 60 Minuten verlängern.

6 Portionen

TOPFGRÖSSE
3,5 Liter

VORBEREITUNGSZEIT
15 Minuten

Für das Obst

- 500 g Rhabarber, in dünnen Scheiben
- 500 g Erdbeeren, in Vierteln
- 1 EL Zitronensaft
- 3-4 EL Zucker
- 20 g Vanillepuddingpulver

Für die Crumble

- 100 g Mehl
- 50 g kernige Haferflocken
- 80 g brauner Zucker
- 80 g weiche Butter
- 1 Prise Zimt
- 1 Prise Salz

Dazu

- Vanilleeis und Schlagsahne

1. Das Obst in den Einsatz des Slow Cookers geben. Mit Zitronensaft beträufeln, Zucker und Puddingpulver dazugeben und alles gut vermischen. Den Topf auf HIGH oder LOW schalten.

2. Für die Crumble alle Zutaten in eine Schüssel geben und mit einer Gabel zu Streuseln vermischen. Über das Obst krümeln.

3. Den Deckel aufsetzen und das Gericht auf HIGH etwa 3 Stunden garen (auf LOW sind es gut 6 Stunden). Lauwarm mit Vanilleeis und/oder Sahne servieren.

6 STD oder 3 STD

Low oder High

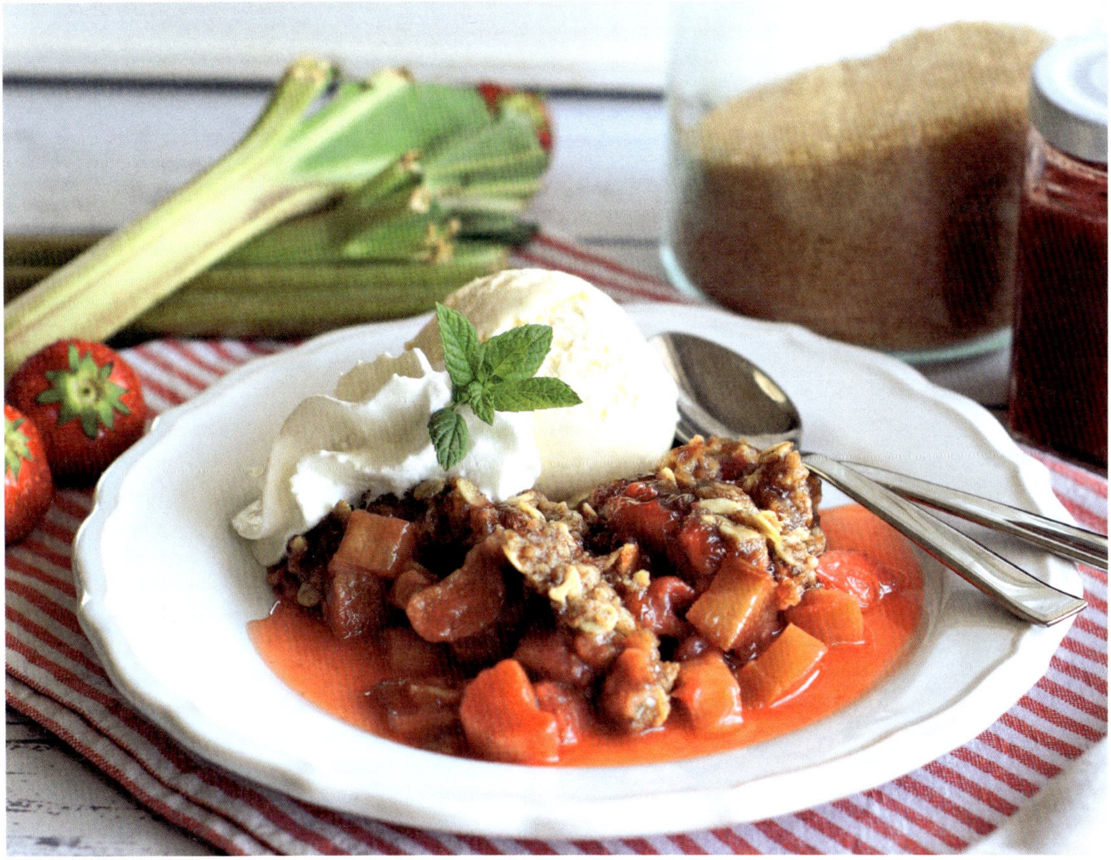

Crumble (wörtlich „Krümel") sind ein Obstdessert aus der britischen oder nordamerikanischen Küche. Man isst sie lauwarm mit Vanilleeis oder einem Klecks Schlagsahne.

Sago-Vanille-Pudding

Sagopudding ist ein cremiges Nostalgiedessert, das auf dem Herd sehr leicht anbrennt. Davor bewahrt Sie die Zubereitung im Slow Cooker – einige Male rühren müssen Sie dabei allerdings auch.

TOPFGRÖSSE
3,5 Liter

VORBEREITUNGSZEIT
5 Minuten

ABKÜHLZEIT
einige Stunden

Für den Pudding

» 1 l Milch
» 60 g Zucker
» 1 Vanillestange, aufgeschlitzt
» 80 g Perlsago (Stärkekügelchen, siehe Tipp)
» 1 Ei

Dazu

» Fruchtsauce, z.B. Blaubeer, Apfel oder Kirsch

3-3,5 STD

NICHT EMPFOHLEN

1. Milch, Zucker, aufgeschlitzte Vanilleschote und Sagokügelchen in den Einsatz des Slow Cookers geben und umrühren. Den Deckel aufsetzen und das Gericht auf HIGH 2,5 bis 3 Stunden kochen, dabei jede Stunde umrühren. Am Ende sollten die Kügelchen gequollen und der Pudding leicht eingedickt sein.

2. Die Vanilleschote entfernen. Das Ei in einer größeren Schüssel verschlagen und eine Kelle der heißen Puddingmasse unterrühren, anschließend noch eine zweite Kelle. Dann alles zurück in den Slow Cooker geben, durchrühren und weitere 15 bis 30 Minuten auf HIGH erhitzen, damit der Pudding noch weiter stockt.

3. Noch heiß in Portionsgläser füllen und kalt stellen. Mit Fruchtsauce servieren.

Tipp

Perlsago oder auch Sago ist heute nicht mehr überall erhältlich. Probieren Sie es im gut sortierten Lebensmittelhandel, im Reformhaus oder Asiamarkt. Sago wird auch unter dem Namen Tapioka(perlen) angeboten.

Bratäpfel

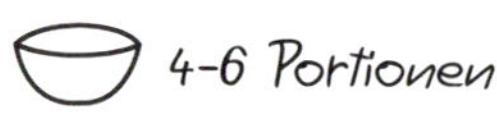

Für die Bratäpfel

- 4 mittelgroße oder 6 kleine Boskop-Äpfel
- 50 g getrocknete Cranberrys
- 25 g gehackte Mandeln
- 2 gehäufte EL brauner Zucker
- 1/2 TL Zimt
- 75 ml Apfelsaft
- 4-6 kleine Butterflöckchen

Zum Servieren

- Vanillesauce, -eis, Schlagsahne

5 STD

oder

2,5 STD

1. Die Äpfel entkernen. In einer Schüssel Cranberrys, Mandeln, Zucker und Zimt mischen und gleichmäßig auf die ausgehöhlten Äpfel verteilen. Die Früchte in den Einsatz des Slow Cookers setzen und den Apfelsaft angießen.

2. Den Deckel schließen und die Äpfel etwa 2,5 Stunden auf HIGH (oder 5 Stunden auf LOW) garen. Noch warm mit Vanillesauce, Eis und/oder Sahne servieren.

Tipp

Am besten gelingen Bratäpfel mit den säuerlichen Boskop-Äpfeln. Sie werden sehr schön mürbe. Verwenden Sie andere Apfelsorten, kalkulieren Sie längere Garzeiten ein.

Tipp

Falls nicht alle Äpfel nebeneinander in den Keramiktopf passen, schneiden Sie das überzählige Exemplar in Schnitze und legen Sie diese zwischen die ganzen Früchte.

Skandinavische Fruchtsuppe

Servieren Sie die Suppe im Sommer eisgekühlt mit etwas Schmand oder Vanillesauce. Im Winter schmeckt sie auch heiß mit hineingebröselten Lebkuchen oder Zwiebäcken.

Für die Suppe

» 250 g getrocknetes Mischobst (Äpfel, Birnen, Rosinen, Pflaumen, Aprikosen)
» 75 g getrocknete Cranberrys
» 100 g Sauerkirschen (TK oder aus dem Glas)
» 1/2 Bio-Orange
» 1/2 Zimtstange
» 2 EL brauner Zucker
» 50 g Perlsago (siehe Tipp unten und auf Seite 90/91)
» 500 ml Kirschsaft
» 500 ml Wasser
» 1 Schuss Rotwein (optional)

8 STD

oder

4 STD

1. Das Mischobst in kleinere Stücke schneiden und zusammen mit Cranberrys und Sauerkirschen in den Keramikeinsatz des Slow Cookers geben.

2. Die Orange auspressen und die Schale dünn und möglichst in einem Stück abschälen.

3. Zimtstange, Zucker und Perlsago zum Obst in den Slow Cooker geben. Orangenschale, Orangen- und Kirschsaft sowie Wasser (optional auch den Wein) angießen.

4. Den Deckel schließen und die Fruchtsuppe auf HIGH etwa 4 Stunden garen (auf LOW 8 Stunden).

5. Das Gericht mit Zucker abschmecken, Zimtstange und Orangenschale entfernen.

Tipp

Falls Sie keinen Sago bekommen, binden Sie die Fruchtsuppe am Ende mit etwas angerührter Speisestärke.

Schokoladen-Brotpudding mit Nüssen

Dieser Auflauf ist eine mächtige, aber extrem leckere Resteverwertung. Zum lauwarmen Brotpudding passen eine Kugel Vanilleeis und/oder etwas geschlagene Sahne.

Für den Pudding

- 225 ml Milch
- 200 g Sahne
- 100 g Zartbitterschokolade, in Stücken
- 2 Eier
- 75 g Zucker
- 1/2-1 TL Zimt
- 1 TL Vanillezucker
- 400 g Weißbrot, in 2 cm großen Würfeln

Zum Servieren

- 50 g gehackte Haselnüsse
- Eis und/oder Sahne

1. Milch und Sahne in einem Topf erhitzen. Die Schokoladenstückchen darin schmelzen.

2. Eier, Zucker, Zimt und Vanillezucker verschlagen und die etwas abgekühlte Schokoladenmilch unter die Eier rühren.

3. Die Brotwürfel in den Einsatz des Slow Cookers geben und mit der Eier-Schokoladenmilch übergießen. 10 Minuten ziehen lassen, dabei die Brotwürfel wenden, so dass alle gut benetzt sind.

4. Den Deckel schließen und das Gericht auf HIGH 2,5 bis 3 Stunden garen. Den Brotpudding lauwarm mit Haselnüssen bestreut servieren.

Variante

Etwas leichter wird das Gericht, wenn Sie auf die Schokolade verzichten, die Mengen der übrigen Zutaten bleiben dabei wie oben genannt. Wer mag, kann die Haselnüsse noch in einer Pfanne ohne Fett rösten, der Geschmack wird dadurch intensiver.

Creme Caramel

Die im Wasserbad gestockte Masse von Eiern und Flüssigkeit wird auch als Flan bezeichnet und ist ein beliebtes Dessert in Spanien, Portugal und Frankreich.

8 Portionen

TOPFGRÖSSE
6,5 Liter

VORBEREITUNGSZEIT
20 Minuten

ABKÜHLZEIT
einige Stunden

Für das Karamell

- 150 g Zucker

Für die Creme

- 4 Eier
- 50 g Zucker
- 200 g Sahne
- 400 ml Milch
- 1 Vanilleschote

Dazu

- frische Früchte

2-2,5 STD

NICHT EMPFOHLEN

1. Acht feuerfeste Förmchen oder Tassen leicht ausfetten und beiseite stellen.

2. 150 g Zucker in einem schweren Topf erhitzen. Wenn er am Rande zu schmelzen beginnt, langsam zu rühren anfangen und weiter erhitzen, bis der Zucker flüssig und hellbraun ist. Auf die Förmchen verteilen – jeweils etwa 1 Teelöffel.

3. Die Eier in einer Schüssel mit 50 g Zucker verschlagen. Sahne und Milch mit der aufgeschlitzten Vanilleschote in einem Topf bis fast zum Kochen erhitzen. Die Vanilleschote herausfischen und die heiße Milch zu den Eiern rühren.

4. Die Eiermilch vorsichtig auf das Karamell in die Förmchen gießen und diese in den Keramikeinsatz des Slow Cookers stellen. So viel heißes (nicht kochendes) Wasser zugießen, bis die Förmchen zu 3/4 im Wasser stehen.

5. Ein Küchentuch auf den Einsatz legen, den Deckel aufsetzen und auf HIGH 2 bis 2,5 Stunden stocken lassen. Die Masse muss auch in der Mitte fest sein.

6. Die Förmchen aus dem Wasserbad nehmen und gründlich durchkühlen lassen, am besten über Nacht im Kühlschrank. Das Dessert stürzen und mit frischen Früchten servieren.

Käsekuchen mit Blaubeeren

Dieser Käsekuchen aus dem Slow Cooker ist viel saftiger als sein Kollege aus dem Backofen! Wie das Foto zeigt, werden die Ränder auch im Slow Cooker braun – daher müssen Sie den Topf ein bisschen im Auge behalten. Drehen Sie den Keramikeinsatz nach der Hälfte der Garzeit um 180 Grad, so gart es gleichmäßiger.

ABKÜHLZEIT
einige Stunden

Für den Teig

- Butter für die Form
- 70 g Weichweizengrieß
- 1 TL Backpulver
- 1 Prise Salz
- 50 g weiche Butter
- 100 g Zucker
- 1 Messerspitze Zitronenabrieb
- 1 Päckchen Bourbon-Vanillezucker
- 2 Eier (Größe L)
- 500 g Magerquark
- 250 g Sahnequark (40 % Fett i.Tr.)
- 30 g getrocknete Blaubeeren, alternativ Cranberrys oder Rosinen

Zum Servieren

- Fruchtsauce (optional)

1. Den Keramikeinsatz des Slow Cookers dünn mit etwas Butter ausfetten. Aus Backpapier zwei lange Streifen zuschneiden und diese kreuzweise in den Topf legen. Weiteres Backpapier in Form des Bodens zuschneiden und auf das »Kreuz« legen (siehe kleines Foto).

2. Den Grieß mit Backpulver und Salz mischen, beiseite stellen. Butter mit Zucker, Zitronenabrieb und Vanillezucker schaumig rühren, dann nach und nach die beiden Eier unterschlagen. Die beiden Quarksorten gründlich einrühren, zuletzt die Grießmischung und die Trockenfrüchte.

3. Den Teig in den vorbereiteten Slow Cooker geben und glatt streichen. Ein Küchentuch unter den Deckel legen (fängt das Tropfwasser auf, siehe Foto Seite 99) und den Kuchen 2 bis 2,5 Stunden auf Stufe HIGH garen (haben Sie einen sehr hitzeintensiven Slow Cooker, versuchen Sie lieber 3 bis 4 Stunden LOW).

4. Den Rand vorsichtig mit einem Messer lösen, den Topf etwas auf die Seite legen und den Kuchen mithilfe der Backpapierstreifen auf einen großen Teller ziehen. Mit Fruchtsauce bestreichen und servieren.

Möhrenkuchen

Für den Teig

- Öl für die Form
- 250 g Mehl
- je 1 Prise Salz, Zimt, Muskatpulver
- 1/2 TL Backpulver
- 1/2 TL Natron
- 75 ml Buttermilch
- 2 Eier
- 125 ml Öl
- 100 g brauner Zucker
- 150 g Möhren, fein geraspelt
- 50 g Walnüsse, gehackt

Für das Frosting

- 100 g Puderzucker
- 100 g Frischkäse
- 50 g Butter, geschmolzen

Zum Garnieren

- Nüsse

1. Den Einsatz des Slow Cookers mit etwas Öl ausfetten. Zwei lange Streifen Backpapier zuschneiden und über Kreuz hinein legen (siehe Seite 101).

2. Die trockenen Teigzutaten von Mehl bis Natron in einer Schüssel vermischen. In einer zweiten Schüssel Buttermilch, Eier, Öl und Zucker verschlagen, Möhren und Nüsse unterrühren. Danach die Mehlmischung unterrühren, bis sich ein glatter Teig ergibt. Den Teig in den Keramikeinsatz füllen und glatt streichen, Deckel aufsetzen.

3. Auf Stufe HIGH 2 bis 2,5 Stunden garen. Mit einem Holzstäbchen testen, ob in der Mitte noch klebriger Teig anhängt, falls ja, die Garzeit etwas verlängern.

4. Nach Garzeitende den Deckel abnehmen und den Kuchen im offenen Topf auskühlen lassen, dann mithilfe der Papierstreifen entnehmen oder stürzen.

5. Für das Frosting Puderzucker mit Frischkäse und geschmolzener Butter verrühren, auf den erkalteten Kuchen streichen. Mit Nüssen garnieren.

Tipp

Statt Nüssen können Sie auch klein gehackte Ananasstücke aus der Dose verwenden – auch sehr lecker!

Zebrakuchen

Für den Teig

- 330 g Mehl
- 1/2 Päckchen Backpulver
- 1/2 TL Natron
- Butter für den Topf
- 225 g Zucker
- 1 Paket Vanillezucker
- 4 Eier
- 200 ml Öl
- 125 ml Buttermilch
- 1 Schuss Rum
- 30 g Kakaopulver (ungesüßt)

Zum Garnieren

- 200 g Kuvertüre (optional)

1. Mehl mit Backpulver und Natron mischen, beiseite stellen. Den Keramikeinsatz des Slow Cookers leicht ausfetten und mit zwei langen Streifen Backpapier über Kreuz auslegen (siehe Seite 101).

2. Zucker, Vanillezucker, Eier, Öl, Buttermilch und Rum in eine große Schüssel geben und kurz mit dem Mixer verschlagen. Die Mehlmischung zugeben und kurz glatt rühren. Eine Hälfte des Teigs entnehmen, die andere mit dem Kakao dunkel färben.

3. Nun mit einer Saucenkelle (Suppenkelle ist zu groß, Esslöffel eher zu klein) immer abwechselnd eine helle und eine dunkle Teigportion genau aufeinander in die Mitte des Keramikeinsatzes geben – keine Sorge, es läuft wunderbar breit.

4. Eine Lage Küchentuch über den Slow Cooker legen, den Deckel aufsetzen (siehe Seite 99) und den Kuchen auf Stufe HIGH 2,5 Stunden garen, dabei nach der Hälfte der Zeit den Einsatz einmal um 180 Grad drehen, um ein gleichmäßiges Garen zu gewährleisten.

5. Den Kuchen bei geöffnetem Deckel abkühlen lassen, dann mithife der Backpapierstreifen herausheben und – falls gewünscht – mit Kuvertüre überziehen.

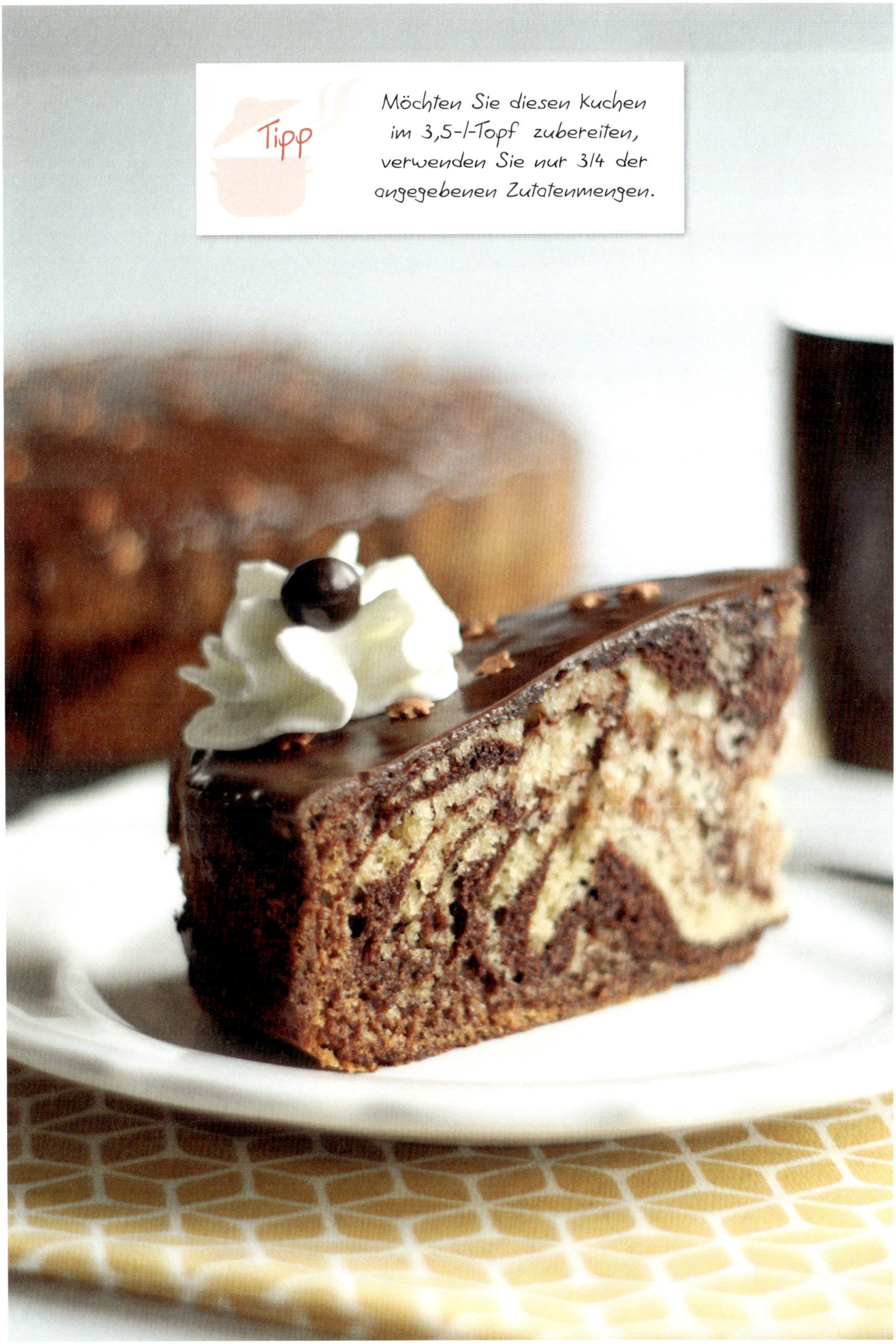

Tipp

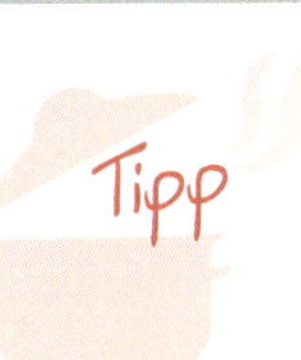

Möchten Sie diesen Kuchen im 3,5-l-Topf zubereiten, verwenden Sie nur 3/4 der angegebenen Zutatenmengen.

Sauce Bologhese

Die Sauce Bolognese gewinnt durch die Zubereitung im Slow Cooker ungemein! Auf eine oder auch zwei Stunden Garzeit mehr kommt es bei diesem Rezept übrigens nicht an. Ich koche Bolognese immer mit doppelter Menge im 6,5-l-Topf und friere einige Portionen ein.

Für die Bolognese

- 2 Zwiebeln, sehr fein gehackt
- 1 kleine Möhre, sehr fein gehackt
- 2 Stangen Staudensellerie, sehr fein gehackt
- 50 g Frühstücksspeck, sehr fein gewürfelt
- 1 Knoblauchzehe, sehr fein gehackt
- 1 kg gemischtes Hackfleisch
- 4 EL Olivenöl
- 100 ml Rotwein (optional)
- 200 ml Fleischbrühe (300 ml, wenn kein Rotwein verwendet wird)
- 1 Packung à 500 g passierte Tomaten
- 1 Packung à 400 g stückige Tomaten
- 100 g Tomatenmark
- Salz, Pfeffer
- getrockneter Oregano
- getrockneter Thymian

1. Zwiebeln, Möhre, Sellerie, Speck und Knoblauch unter das Fleisch mischen. In einer Pfanne das Olivenöl erhitzen und die Fleisch-Gemüse-Masse bei hoher Hitze darin krümelig anbraten.

2. Die angebratene Fleischmasse in den Einsatz des Slow Cookers geben. Rotwein und Fleischbrühe, Tomaten, Tomatenmark und Gewürze dazu geben, alles gut durchrühren und abschmecken.

3. Den Deckel aufsetzen und auf Stufe LOW 6 Stunden garen (HIGH 3 bis 3,5 Stunden).

6 STD

oder

3-3,5 STD

BBQ-Sauce

Diese rauchig-süßliche Sauce nach US-amerikanischem Vorbild habe ich mild abgeschmeckt, sie verträgt aber auch mehr Sriracha. Sie passt wunderbar zu Hackbraten, Pulled Pork und eigentlich zu allem Gegrillten.

VORBEREITUNGSZEIT
10 Minuten

Für die Sauce

- 2 EL Olivenöl
- 1 Zwiebel, feinst gehackt
- 1 Knoblauchzehe, zerdrückt
- 50 g Tomatenmark
- 1 Packung à 500 g passierte Tomaten
- 65 ml Bourbon (oder anderer Whisky)
- 100 g Honig
- 1-2 EL brauner Zucker, optional
- 40 ml Apfelessig
- 2 EL salzige Sojasauce
- 1 TL Worcestershiresauce
- 1 TL Sriracha (oder andere scharfe Chilisauce, nach Wunsch mehr)
- Salz

7-8 STD

oder

4 STD

1. Das Öl in einem Topf erhitzen und Zwiebel und Knoblauch darin bei mittlerer Hitze glasig rösten. Am Ende auch das Tomatenmark kurz mitrösten. Alles in den Slow-Cooker-Einsatz füllen, die restlichen Zutaten dazugeben und durchrühren.

2. Nach ca. 6 (bei LOW) oder 3 Stunden (auf HIGH) die Sauce ohne Deckel noch 1 Stunde köcheln und dabei etwas eindicken lassen.

Tomatensauce

Die Sauce eignet sich wunderbar zum Überbacken von Auberginen oder um Fleischbällchen darin zu garen. Sie hält sich im Kühlschrank etwa eine Woche, tiefgefroren drei Monate.

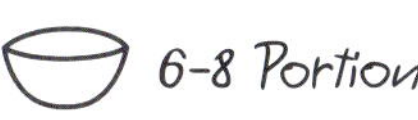

TOPFGRÖSSE
3,5 Liter

VORBEREITUNGSZEIT
15 Minuten

1. Zwiebelwürfel und Knoblauch in einer Pfanne in 3 EL Olivenöl etwa fünf Minuten anschwitzen, bis sie weich geworden sind.

2. In den Keramikeinsatz des Slow Cookers geben. Das restliche Olivenöl, Tomaten, Tomatenmark, Oregano und Zucker zufügen und durchrühren.

3. Den Deckel aufsetzen und auf LOW 7 bis 8 Stunden garen (HIGH 3 bis 4 Stunden).

4. Mit Salz und Pfeffer abschmecken. Die Sauce mit einem Pürierstab fein zerkleinern. Bei der Verwendung von frischen Tomaten die Sauce durch ein feines Sieb passieren, damit die Tomatenschale entfernt wird.

Für die Sauce

- 1 große Zwiebel, fein gewürfelt
- 1 Knoblauchzehe, gehackt
- 80 ml Olivenöl
- 2 Dosen à 800 ml Tomaten in eigenem Saft oder 1,4 kg reife Tomaten, Samen entfernt und in grobe Stücke geschnitten
- 100 g Tomatenmark
- 1-2 TL getrockneter Oregano
- 1 Prise Zucker
- Salz, Pfeffer

7-8 STD

oder

3-4 STD

Sauce für Currywurst

Für die Sauce

- 2 EL Butterschmalz oder Öl
- 2 große Zwiebeln, gehackt
- 2 EL brauner Zucker
- 4 EL Curry, scharf oder mild, nach Geschmack
- 100 g Gewürzgurke, gehackt
- 2 Packungen à 500 g passierte Tomaten
- 300 g Tomatenketchup
- 50 g Tomatenmark
- 4 EL Apfelessig
- 2-3 TL Harissa (Chili-Knoblauchpaste), Menge nach gewünschter Schärfe, siehe Tipp
- Salz und Zucker

Dazu

- 8 Bratwürste, gebraten und in Scheiben geschnitten

7-8 STD

oder

3,5-4 STD

1. Das Fett in einem Topf erhitzen, die Zwiebeln darin glasig dünsten. Braunen Zucker und Currypulver darüber streuen und kurz mitrösten, dann in den Einsatz des Slow Cookers geben.

2. Gehackte Gurke, Tomaten, Ketchup, Tomatenmark, Essig und Gewürze dazugeben und abschmecken. Auf Stufe Low 7 bis 8 Stunden garen (HIGH 3,5 bis 4 Stunden).

3. Die Sauce mit dem Pürierstab ganz glatt pürieren. Entweder separat zu Bratwurst servieren oder geschnittene, angebratene Bratwurst hineingeben und etwa 30 bis 45 Minuten auf HIGH erhitzen.

Bitte beginnen Sie mit weniger oder ganz ohne Harissa, wenn Sie nicht so gerne scharf essen – nachwürzen geht später immer noch!

LICENSE
TO GRILL

Geflügelfond

Für die Brühe

- 1 große Zwiebel, grob gehackt
- 1 kleine Stange Lauch, grob gehackt
- 3 Stangen Staudensellerie, grob gehackt
- 150 g Knollensellerie, grob gehackt
- 2 Möhren, grob gehackt
- 1,5 kg Geflügel-Kleinteile
- 3-3,5 l Wasser
- 1 TL Salz
- 10 schwarze Pfefferkörner
- 1 Lorbeerblatt

8-10 STD

oder

4,5-5 STD

1. Das Gemüse zusammen mit den übrigen Zutaten in den Slow-Cooker-Einsatz geben und die Brühe bevorzugt auf LOW 8 bis 10 Stunden garen.

2. Das Geflügelteile aus der Brühe nehmen und nach dem Erkalten Haut, Knochen und Sehnen entfernen. Das Fleisch als Suppeneinlage oder für Geflügelsalat verwenden.

3. Die Brühe eine Weile erkalten lassen und nach Wunsch das oben schwimmende Fett mit einem Löffel entfernen. Dann am besten durch ein Küchentuch filtrieren, damit sie klar wird.

Tipp

Frieren Sie die Brühe portionsweise ein, um sie als Grundlage für Suppen oder Eintöpfe zu verwenden. Die Haltbarkeit im Kühlschrank ist eher gering.

Dunkler Fleischfond

Wie bei allen Fonds kommt es auch bei diesem auf eine oder zwei Stunden Garzeit mehr nicht an. Ich setze die Brühe meist abends an und lasse den Slow Cooker über Nacht auf LOW laufen.

TOPFGRÖSSE
6,5 Liter

VORBEREITUNGSZEIT
25 Minuten

1. Das Wasser in den Slow-Cooker-Einsatz geben. Salz, Pfefferkörner, Lorbeerblatt und das Gemüse – bis auf die Zwiebeln – zufügen. Den Slow Cooker auf HIGH stellen.

2. Das Butterschmalz in einem großen Topf sehr heiß werden lassen. Fleisch und Knochen zufügen und scharf anbraten, dann in den Slow Cooker legen.

3. Im Topf in weiterem Butterschmalz auch die Zwiebeln zusammen mit Knoblauchzehen und Tomatenmark kurz rösten. Mit einem Schuss Wasser ablöschen und ebenfalls in den Slow Cooker geben. Den Topf auf LOW herunter regeln und weitere 8 bis 9 Stunden garen.

4. Knochen und Fleischstücke aus der Brühe nehmen. Die Brühe durch ein Sieb gießen, um die groben Teile zu entfernen, dann durch ein Tuch filtern, damit sie schön klar ist. Nach Wunsch entfetten.

Für die Brühe

» 3-3,5 l Wasser
» 1 TL Salz
» 1 TL schwarze Pfefferkörner
» 1 Lorbeerblatt
» 1 kleine Stange Lauch, grob gehackt
» 1 Tomate, grob gehackt
» 1 Paprikaschote, grob gehackt
» 3 Stangen Staudensellerie, grob gehackt
» 150 g Knollensellerie, grob gehackt
» 1 Möhre, grob gehackt
» 1 EL Butterschmalz
» 1,5 kg Knochen und Abschnitte von Rind, Lamm oder Wild
» 2 große Zwiebeln, geachtelt
» 2 Knoblauchzehen, nach Geschmack
» 1 EL Tomatenmark

9-10 STD

30 MIN

8-9 STD

Gemüsefond

Besitzen Sie auch einen großen Slow Cooker? Dann am besten gleich die doppelte Menge herstellen. Gemüsefond ist ideale Basis für Suppen und Eintöpfe.

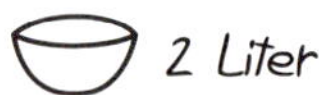

VORBEREITUNGSZEIT
30 Minuten

EINWEICHZEIT
30 Minuten

Für die Brühe

- 4 getrocknete Steinpilze
- 1 Zwiebel, in dicken Scheiben
- 1 Bund Suppengrün, in Würfeln
- 1 mittelgroße Kartoffel mit Schale, in Würfeln
- 3 Knoblauchzehen mit Schale, zerstoßen
- 1 EL Öl
- Salz, Pfeffer
- 1 Bund Petersilie, grob gehackt
- 2 Lorbeerblätter
- 1/2 TL Pfefferkörner
- 1,8 l Wasser

8 STD

oder

4 STD

1. Die Steinpilze in 250 ml heißem Wasser ca. 30 Minuten einweichen.

2. Den Backofen auf 230 °C Ober-/Unterhitze vorheizen. Zwiebel, Suppengrün, Kartoffel und Knoblauch auf ein gefettetes Backblech geben. Mit Öl beträufeln und mit wenig Salz und Pfeffer würzen. Das Gemüse etwa 20 bis 30 Minuten rösten, bis es leicht gebräunt ist.

3. Das angeröstete Gemüse in den Slow Cooker geben. Petersilie, Steinpilze mit durchgeseihtem Pilzeinweichwasser sowie Lorbeerblätter, Pfefferkörner, 1 TL Salz und Wasser zufügen. Den Deckel aufsetzen und die Brühe etwa 8 Stunden auf LOW garen.

4. Die Brühe leicht abkühlen lassen und durch ein feinmaschiges Sieb oder Tuch in einen Topf abseihen. Sofort nutzen oder portionsweise einfrieren.

Lauwarmer Kartoffelsalat mit Gurke

Zu diesem Kartoffelsalat süddeutscher Art essen wir gerne Leberkäse oder Bratwurst. Verwenden Sie keine mehlig kochenden Kartoffeln, die zerfallen zu leicht.

VORBEREITUNGSZEIT
20 Minuten

MARINIERZEIT
30 Minuten

Für die Kartoffeln

- 1 kg festkochende Kartoffeln, geschält, in 2 mm dünnen Scheiben
- 800 ml kräftige Gemüsebrühe

Für das Dressing

- 6 EL Öl
- 6 EL Essig
- 2 TL Senf
- 1 TL Zucker
- Salz, Pfeffer nach Geschmack

Dazu

- 2 Lauchzwiebeln, in Ringen
- 200 g Salatgurke, geschält, in dünnen Scheiben

3-4 STD

1. Die Kartoffelscheiben in den Einsatz des Slow Cookers geben. Die Gemüsebrühe aufgießen. Auf HIGH etwa 3 Stunden garen, bis die Kartoffeln gar sind, aber noch nicht zerfallen.

2. So viel Gemüsebrühe abgießen (und anderweitig verwenden), bis nur noch 1 cm Flüssigkeit auf dem Boden verbleibt.

3. Alle Zutaten für das Dressing verrühren, abschmecken und über die noch warmen Kartoffeln geben. Lauchzwiebeln und Gurken vorsichtig untermengen.

4. Den Kartoffelsalat etwa 30 Minuten mit geöffnetem Deckel im Einsatz des Slow Cookers ziehen lassen, dann servieren.

Tipp

Kartoffelsalat aus dem Slow-Cooker? Klar, das geht – allerdings nur mit der süddeutschen Variante, bei der Kartoffeln in Brühe gegart werden. Die Salzkartoffeln für Mayonnaise-Kartoffelsalat sollten Sie lieber herkömmlich im Topf garen, da gelingen sie besser.

Rotkohl

Falls Sie einen großen 6,5-Liter-Topf besitzen: Stellen Sie gleich die doppelte Menge her und frieren Sie den Rotkohl portionsweise ein.

VORBEREITUNGSZEIT
30 Minuten

MARINIERZEIT
12 Stunden

- 1 kg Rotkohl, geputzt, Strunk entfernt
- 1-2 Äpfel (300 g), geschält, grob geraspelt
- Saft von 1/2 Limette oder Zitrone
- 8 EL Essig
- 1 Prise Salz
- 3-4 EL Zucker
- 50 g Schmalz
- 150 g Zwiebeln, in feinen Streifen
- 2 EL Johannisbeergelee
- 1 Zimtstange
- 200 ml Rotwein

4,5 STD

NICHT EMPFOHLEN

1. Den Rotkohl in feine Streifen schneiden. Den Kohl mit Apfelraspel, Zitronensaft, 6 EL Essig, Salz und 2 EL Zucker mischen und zugedeckt im Kühlschrank über Nacht ziehen lassen.

2. Am nächsten Tag das Schmalz in einer kleinen Pfanne zergehen lassen. Den übrigen Zucker (1-2 EL) leicht darin karamellisieren, mit 2 EL Essig vorsichtig ablöschen (von der Platte nehmen, sonst spritzt es!) und die Zwiebelstreifen darin einige Minuten andünsten. Sud und Zwiebeln in den Slow-Cooker-Einsatz geben.

3. Marinierten Rotkohl, Johannisbeergelee, Zimt und Rotwein dazugeben, alles gut durchrühren.

4. Den Deckel schließen und etwa 4,5 Stunden auf HIGH garen. Vor dem Servieren die Zimtstange entfernen und nochmals mit Zucker und Salz abschmecken.

Sellerie-Kartoffel-Püree

Nehmen Sie für ein gutes Püree unbedingt mehlig kochende Kartoffeln und benutzen Sie einen Kartoffelstampfer. Festkochende Kartoffeln und die Verwendung eines Mixers führen zu einer Masse mit eher kleistrigen Konsistenz.

4 Portionen

TOPFGRÖSSE
3,5 Liter

VORBEREITUNGSZEIT
15 Minuten

Für den Stampf

» 4 EL Wasser
» 500 g mehlig kochende Kartoffeln, geschält, in 1 cm großen Würfeln
» 500 g Knollensellerie, in 1 cm großen Würfeln
» Salz, Pfeffer

Zum Fertigstellen

» 100 g Butter
» 100-200 ml heiße Milch,
» Muskatnuss, Salz, Pfeffer

8 STD

Low

oder

4 STD

High

1. Das Wasser in den Keramikeinsatz des Slow Cookers geben, der Boden sollte gerade eben bedeckt sein. Kartoffel- und Selleriewürfel zufügen, salzen und pfeffern, gut umrühren. Den Deckel aufsetzen und etwa 4 Stunden auf HIGH garen – oder länger, bis beides weich ist.

2. Die Butter über dem Gemüse schmelzen lassen, dann die Gemüsestücke mit dem Kartoffelstampfer direkt im Slow-Cooker-Einsatz zerdrücken. So viel heiße Milch zufügen, bis die gewünschte Konsistenz erreicht ist. Mit Muskatnuss, Salz und Pfeffer abschmecken.

Tipp

Pürierter Knollensellerie schmeckt hervorragend als Beilage oder eignet sich als Basis für Suppen, Soufflés und Gemüse-Terrinen. Probieren Sie es auch mal gemischt mit einem Apfel – ebenfalls sehr lecker.

Rezeptverzeichnis nach Kapiteln

Suppen & Eintöpfe

Hauptgerichte

Süße Gerichte, Kuchen & Desserts

Saucen, Fonds & Beilagen

Alphabetisches Rezeptverzeichnis

Liebe Leser,
liebe Slow-Cooker-Nutzer,

ich bin Autorin von Computer-Fachbüchern, Food-Bloggerin, Hausfrau und Mutter. Um all das unter einen Hut zu bringen, habe ich schon 2007 das Kochen mit dem Slow Cooker für mich entdeckt. Meinen ersten Schongarer musste ich noch in England bestellen, inzwischen gibt es die günstigen Geräte aber glücklicherweise auch in großer Modellauswahl in deutschen (Online-)Shops.

Was es jedoch lange nicht gab, waren gute Slow-Cooker-Rezepte auf Deutsch und aus der deutschen Küche. Mit vielen frischen Zutaten – im Gegensatz zu den Rezepten aus dem englischsprachigen Raum, die oft heftig Gebrauch von Fertigprodukten und Würzmixen machen. So wurde meine Küche zur Testküche für Gulasch, Rouladen, Möhreneintopf & Co.

Erst füllte sich meine Webseite »Slowcooker.de«, dann folgten meine Kochbücher im Eigenverlag. Und nun Nummer 5 – dieses hier, quasi das »Best of« aus zehn Jahren Kochen mit dem Slow Cooker. Viel Spaß beim Ausprobieren!

Für weitere Informationen zum Slow Cooker und bei Fragen zum langsamen Kochen stehe ich Ihnen gerne zur Verfügung: slowcooker.de/kontakt

Ihre

Gabi Frankemölle

ISBN 978-3-8094-3843-4

8. Auflage 2024

Neumarkter Straße 28, 81673 München
produktsicherheit@penguinrandomhouse.de
(Vorstehende Angaben sind zugleich Pflichtinformationen nach GPSR)

Umschlaggestaltung: Atelier Versen, Bad Aibling
Gestaltung: David Böhm
Herstellung: Elke Cramer
Rezeptfotos: Gabriele Frankemölle, außer:
BBV: 124; David Boehm Mediengestaltung: Grafiken; Istockphoto: 7 Illustration (Ievgeniia Lytvynovych), 18 Illustration Fisch (ilbusca), 19, 41, 80, 81, 108, 109 Illustration (nicoolay), 24 (bonchan), 40 Illustration (asmakar); Pexels-Photo: 99 (RitaE); Shutterstock: Holzhintergrund (tinta), 65 (Elena Mayne), 93 (Olga Miltsova); Stockfood: U1 (Gräfe & Unzer Verlag / Mathias Neubauer); Stocksy: 115 (Nadine Greeff); Südwest Verlag: 107 (Monika Schürle&Maria Grossmann), 119 (Martina Urban)
Bildredaktion: Sabine Kestler
Projektleitung: Anja Halveland

Satz: Satzwerk Huber, Germering
Reproduktion: Mohn media Mohndruck GmbH, Gütersloh
Druck und Bindung: Alföldi Nyomda Zrt., Debrecen
Printed in Hungary

Penguin Random House Verlagsgruppe FSC® N001967